다시 솔잎을 먹으며

석인수 수필집

다시 솔잎을 먹으며

인쇄 2018년 6월 5일
발행 2018년 6월 8일

지은이 석 인 수
발행인 서 정 환
펴낸곳 수필과비평사
주소 서울특별시 종로구 삼일대로32길 36(익선동, 윤현신화타워빌딩305호)
전화 (02) 3675-3885 (063) 275-4000, 252-5633
팩스 (063) 274-3131
이메일 sina321@hanmail.net
출판등록 제465-1984-000004호
인쇄 · 제본 신아출판사

ISBN 979-11-5933-161-9 03810
값 13,000 원

「이 도서의 국립중앙도서관 출판예정도서목록(CIP)은 서지정보유통지원시스템 홈페이지(http://seoji.nl.go.kr)와 국가자료공동목록시스템(http://www.nl.go.kr/kolisnet)에서 이용하실 수 있습니다.(CIP제어번호: 2018017213)」

Printed in KOREA

다시 솔잎을 먹으며

석인수 수필집

수필과비평사

머리글

글재주라는 게 원래 타고나야 하는가 봅니다. 때로는 치열하게 노력도 해보지만 역시 역부족인 걸 보면 재능의 한계를 느끼게 됩니다. 명수필을 골라 탐독도 하고 저명인사의 강의도 들으며 나도 그렇게 해보리라 하지만 잘 안 되고 볼품이 없는 글만 쓰게 됩니다. 생각해보면 당연한 소치인 듯합니다. 지속해서 깊이 있게 매달리지 않고 드러내 보이고 돋보이려고만 한 욕심이 속으로 나를 압도하고 있었을 겁니다.

반은 의무이고 반은 주변의 성화에 밀려 어설픈 글을 속없이 또 모아보았습니다. 아무리 보고 생각해도 선보일 만한 글이 아님을 고백합니다. 문학성이 수준 이하일지라도 솔직함 하나로 꾸민 독백임을 내세우고 싶습니다.

사람 사는 일이 대동소이하겠지만, 소소한 나의 일상, 생각과 느낌을 때로는 감동으로 때로는 규탄과 하소연으로 세상에 알리려 했습니다. 비록 그것이 일과성이고 허투루 치부하는 결과가 될지라도 나는 많은 이에게 외치고 호소하고 싶은 독백이었습니다.

문학성이나 꾸밈을 위하여 줄기에 억지로 덧칠하기보다는 있었거나 있고, 보았거나 보이는 그대로 말하고 쓰려고 했습니다.

좋은 노래도 반복해서 부르면 듣기 싫다는데 글답지 않은 글을 벌써 네 번씩이나 책으로 만들려니 가뜩이나 마음에 큰 부담으로 와 닿습니다.

변명도 한두 번이지 첫 번째 수필집 『생각이 머무를 때면』을 펴낸 후 『그래서 당신을』, 『발자국 없이 걸었네』 등 세 번씩이나 변명으로 일관하다 보니 궁색하고 말할 여지도 없습니다. 파렴치하게 오직 독자의 관용만을 바랄 뿐입니다. 어설프지만 네 번째 수필집 『다시 솔잎을 먹으며』라는 이름을 붙여 모양새를 내어 보았습니다.

공직 내내 지기추상持己秋霜 대인춘풍待人春風의 자세를 견지하며 칼날 위를 걷는 심정으로 긴장의 끈을 놓지 않았습니다. 배이고 찌든 공직의 자리에서 물러나 한숨 쉬고 야인으로 돌아온 지 10년이 되었습니다. 조금은 느긋하게 사람 사는 모습의 원근을 조명하고 사상을 깊게 관조하기도 하며 삽니다. 그러면서 선뜻 스치는 생각을, 무심코 바라본 사물을 골똘히 고민하며 붓을 드는 때가 많습니다. 이번 책의 내용도 40년 공직생활을 마치고 평범한 보통 사람으로 살면서 가끔 혹은 문득 떠오르고 생각나는 일상의 내용을 담았습니다. 비록 나의 글이 특별히 내로라 할 것도 없고 드러내 보일 것도 없지만, 우연히 접한 나의 글 때문에 변화가 일어나고 보탬이 되었으면 좋겠습니다.

가만히 있으면 덮어지고 중간이라도 갈 테지만 굳이 책을 낸다고 수선 떠는 바람에 묻히고 드러나지 않았던 나의 치부와 속살이 다 까발려질 것이 뻔합니다. 그러나 아직도 나에게는 벗겨내고 털어내야 할 껍질과 허물이 많이 있을 겁니다. 알몸이 다 드러나 보일지라도 나의 일상과 체험이 불특정 다수에게 공감이 되고 득이 된다면 나는 기꺼이 그 길을 택하겠습니다.

앞으로도 고인 물이 되지 않고 흐르는 물이 되어 흘러서, 종국에는 불평 없이 어떤 물이든 다 포용하는 바닷물을 닮으려 힘쓰겠습니다.

독자 여러분의 애정 어린 질정을 바랍니다.

2018년 6월

전주 완산고을 천잠산 아래 소호빌에서

청아 青雅 **석인수** 昔仁壽

차례

제1부
물같이 살았으면

제2부

다시 솔잎을 먹으며

제3부

격세지감

제4부

아! 가을이여

제5부

알로하 하와이

제1부

물같이 살았으면

천잠산을 오르며

건강관리에 제일 좋은 것은 역시 등산인 것 같다. 아내도 같은 생각이다. 다행스러운 일이다. 부부가 건강관리에 대한 인식을 같이 한다는 것은 함께할 수 있어 좋다. 올해는 아예 월요일 하루는 산에 가는 날로 정하자고 둘이서 다짐했다. 그런데 웬걸, 서너 주도 못 가서 그 다짐은 공염불이 되었다. 따로 정해서 산에 오르지는 않아도 한 주에 두서너 차례 집 근처에 있는 천잠산天蠶山에 다니고 있다. 꿩 대신 닭으로 만족하고 있는 셈이다.

천잠산은 전주대학교 캠퍼스를 보듬고 있는 산이다. 동남 방향으로 길게 늘어진 모습이 마치 누에를 닮았다 하여 천잠산이라 부른다. 도시공원이지만 공원시설이 거의 조성되지 않아 산행을 위한 길도 자연히 형성된 아주 좁은 오솔길이다. 따라서 아직은 사람이 많이 다니지 않아 다소 스산한 느낌마저 드는 게 흠이다.

전주대 캠퍼스 안의 건물 앞을 지나는 도로를 따라 한참을 걸어

가면 산에 오르는 입구가 나온다. 입구부터 첫 번째 산불 감시초소가 있는 곳까지는 오르막 급경사가 가파르게 이어진다. 얼마 안 가서 숨이 가빠 옴을 느낀다. 각종 풀과 나무가 울창하게 우거져 숲 사이를 걷는 기분이다. 여름에 따가운 햇볕을 피하기엔 더없이 좋은 산이다. 인적이 드물고 한적해서 산불 감시초소가 있는 곳까지만 오르내리고 있다.

앞서거니 뒤서거니 하면서 아내와 나는 날마다 세상 사는 얘기를 한다. 화제도 다양하다. 약속하고 준비하지도 않았는데 자연스레 얘깃거리가 많다. 얘기하다 보면 어느새 초소가 나오고 다시 뒤돌아 내리막 걸음을 하곤 한다.

씨 뿌리고 가꾸지도 안했지만, 저절로 싹트고 자라서 꽃을 피우는 이름 모를 풀꽃들을 보면서 자연의 섭리에 감탄한다. 산속에 사는 동물들은 변화무쌍한 기후조건에서도 잘도 견디며 산다. 아무도 챙겨주지 않는 먹을거리도 용케 잘 찾아 먹고사는데 사람들은 왜 그렇게 아귀다툼하는지 모르겠다는 생각이 든다.

나뭇가지에 집을 짓고 알을 낳아 새끼를 기르는 새를 보면서 사람 사는 것이나 매양 같다고 입을 모으기도 한다. 심지도 거두지도 않는 새들은 어떻게 자기의 배를 채우고 새끼까지 기르는 것일까? 날마다 하루가 얼마나 막막하고 힘이 들까? 날이 밝으면 또 어디로 가서 먹을거리를 구할까? 얼마나 불안하고 걱정이 많을까? 하지만 조금도 걱정하는 기색 없이 자유자재로 유영하듯 하늘을 난다. 걱정은커녕 즐겁고 기분까지 좋은지 끼리끼리 지저귀고 입 맞추며 사랑하고 노래한다.

사람들 보란 듯이 머리 위를 비아냥거리며 왔다갔다 떼를 지어 난다. 우리를 조롱하는 것 같다. 새가 더 자유롭고 즐겁고 재미있게 사는 것 같다. 새들과 우리가 다른 게 뭣인가? 목숨 부지하며 사는 것은 같다. 사람은 동물보다 영장답게 살아야 하는 게 다를까? 글쎄다, 어떻게 사는 게 사람답게 사는 것인지 모르겠다. 새들에게 물어볼까? 새는 새같이 살지만, 사람은 모두가 사람같이 살지는 않는다. 사람같이 살 때 사람이지, 그렇지 않으면 더는 사람이 아니다. 우리 사회는 더러 사람답지 않은 사람이 사람 속에 묻혀서 산다. 사람이 새만도, 짐승만도 못한 사람이 있다.

초소가 있는 곳은 몇 안 되는 천잠산의 이마[頂]다. 그곳에 이르면 전주 시내를 한꺼번에 조망할 수 있다. 오밀조밀 촘촘히 성냥갑을 쌓은 것 같은 건물이 즐비하게 박혀있고 바둑판에 그어진 선처럼 도로가 나 있다. 실금같이 보이는 도로 위를 각종 차가 경주하듯 오가며 질주를 한다. 그렇게 무슨 볼일이 많고 바쁜 것인지 24시간 365일 내내 도로가 쉴 틈이 없다. 사람도 차도 왜 이렇게 모두 정신없이 달리기만 하는지 모르겠다. 모두가 점으로 보이고 선같이 보이는 저 속에서 왜 그렇게 가쁜 숨을 내몰며 살까? 지나고 보면 다 부질없을 것 같은데……. 마냥 답답하기만 하다.

산에서 내려와 다시 왔던 길을 되짚어 걷는다. 군데군데 군락을 이뤄 피어 있는 철쭉꽃이 숨을 멎게 한다. 비탈 전면을 다 차지하고 핀 철쭉꽃은 영락없이 타고 있는 불바다 같다. 흥분을 가라앉힐 수가 없다. 잎이 안 보인다. 달려가 꽃을 젖혀 보았다. 잎이 있다. 꽃 뒤에 잎이 숨어 있다. '그러면 그렇지. 분명 잎이 있어야 꽃이

피는데 잎이 없을 수가 없지.' 속으로 중얼거렸다. 잎은 꽃을 피워 내기 위하여 쉼 없이 소임을 다하고는 꽃의 뒤에 숨어서 꽃만 내보이게 하고 있다. 지금은 꽃만 전면에 내밀어야 하는 때임을 잎은 알고 있었다. 꽃 피는 시기에는 꽃이 주역이고 잎은 보조 역할임을 알고 있었다. 자기가 있어야 꽃도 피우고 줄기와 뿌리도 크게 할 수 있다는 것도 알지만, 지금은 자기를 드러내는 시기가 아님을 안다. 몸을 낮추고 얼굴을 숨기며 뒤로 물러나 있다. 잎 앞에 숙연해진다. 잎에서 겸양을 배운다. 자연의 이치가 이러한데 하물며 인간으로서 잎만도 못해선 안 될 일이다.

이제 얼마 안 있으면 꽃은 질 것이다. 꽃도 열매를 맺게 하고 사라진다. 그때는 잎이 다시 무성하게 짙푸른 얼굴로 다음 해에 또 피워야 할 꽃을 위해 당당히 전면에 나설 것이다.

모든 게 다 때가 있는 데 사람만 평생을 다 때라고 떼쓰며 살지는 않는지 생각해 볼 일이다.

이미 지났는데도 아직도 그때라고 고집하며 깔고 뭉그적거리는 때는 없는지 나부터 성찰해야겠다.

대학 정문에 다다랐다. 푸른 신호등을 기다린다. 차도 씽씽 달리고 사람도 총총걸음으로 정신이 없다. 별로 바쁠 게 없는 나도 정신없이 바쁜 척하며 그 속으로 빨려 들어간다. 세상이 정신없이 빨리 돌아가니까 덩달아 정신없이 나도 빙빙 돈다.

〈2014.5.13.〉

산성의 메아리

고요가 잠든 금정산이다. 여명이 동터오는 이른 아침, 산꼭대기에 걸쳐 있는 엷은 운무가 서서히 걷히고 산 아래 부산 앞바다가 얼굴을 내민다. 멀리 수평선쯤으로 보이는 곳에서 빨갛게 달구어진 해가 솟아오른다. 찬란하고 눈부신 일출의 순간은 모세가 십계명을 받던 시내산의 서광보다 황홀한 것 같다. 해를 밀어낸 근방에서는 불덩어리 태양을 식히느라 출산의 고통만큼이나 힘들었던 바닷물이 몸부림치며 평정을 찾는다.

물새 떼가 연안을 향해 새 아침을 알리는 신호의 몸짓을 하고 잔잔한 물결은 보석처럼 빛나며 번득인다. 어디부턴가 시작된 해풍은 밤새 출렁이는 바다를 간질이다가 뭍에 닿아서야 도해渡海의 긴장을 늦춘다. 금정산 봉우리와 능선을 따라 면면히 이어진 금정산성에서는 민족의 혼이 함성 되어 해풍과 함께 귓전에 메아리로 다가온다.

금정산성은 사적 제215호로 지정되어 단연 국내 최대 규모의 성이다. 길이가 18,845m, 성벽높이 1.5~3.0m로 성내 면적이 무려 8.2㎢나 된다. 부산의 사상, 북, 동래, 경남의 양산시와 경계하고 있으며 한국의 만리장성이라 일컬어도 손색없다. 동서남북으로 4개의 성문이 있고 4개소의 망루가 있어 성안은 작은 도시 규모다. 언제부터 성을 쌓았는지는 정확히 알 수 없으나 피난 겸 항전의 목적으로 삼국시대 때부터 축성된 것으로 추측만 한다.

금정산의 수려한 자연 경관과 천년고찰인 범어사와 더불어 문화유적지이며 관광명소이자 선열의 나라사랑 정신이 깃든 역사의 산교육장으로 자리매김하고 있다.

인고의 세월이 만든 위대한 걸작품이 금정산성이다. 축성의 시작은 끝이 보이지 않았다. 돌을 쪼개고 다듬는 일만도 연수를 몰랐고, 나르고 올려 쌓는 방법도 속수무책이었다. 발로 걷고 뼘으로 재어 가늠하는 머릿속 구상이 설계이자 조감도였다. 등에 메고 머리에 이기도 하며 맞잡아 들고 끌기도 했다. 쌓다가 무너지면 고쳐 쌓으며 백 날을 하루같이 거북이 산에 오르듯 성벽을 그려냈다. 허기진 배를 움켜가며 노역 아닌 고역의 나날을 원망할 겨를도 없었던 축성의 고통과 조상의 혼이 성벽 밑에 가라앉아 소리하고 있는 듯하다.

시대와 세대를 넘어 쌓아진 성벽은 푸릇한 이끼가 해진 양탄자같이 두르고 있다. 긴 세월 비바람 풍상에 시달린 응축된 세월의 무게이고 자국이리라. 산성도 이제 더는 조형이 아니라 신의 작품과 하나되는 자연의 경관으로 거듭나고 있다.

인류는 존재하면서부터 수탈이 시작되었는가 보다. 가진 것을 지키고 못 가진 것을 가지려 하는 것 또한 인간의 속성인 듯싶다. 사람이 혼자라면 수탈도 없겠지만 둘만 있어도 쟁탈이 일어난다. 뺏고 뺏기는 생존경쟁은 예나 지금이나 다를 바 없고 우리 민족에게도 예외가 아니다. 인류의 조상 아담도 하나님의 소유인 선악과를 결국 빼앗은 것이나 다를 바 무엇인가. 남녘땅 금정에도 민족 수탈의 역사가 있었음을 금정산성이 반증하고 있다.

금정산성은 엄존하는 옛 조상의 흔적이자 반면교사다. 삼국으로 나뉘어 부족과 부족, 씨족과 씨족이 공동체를 이루며 살던 시대의 이기와 수탈의 결과가 낳은 실증의 표상이다. 삶의 영역을 넓히기 위한 다툼보다는 초근목피가 주식이던 시절에 먹을거리의 쟁탈이 우선이었다. 진을 치고 방어해야 하는 필요가 성城을 낳았다. 낙후와 후진이라는 말조차 모르던, 연명이 급급했던 우리의 옛적, 지그시 눈 감고 상상하면 살기 위해 사투를 벌여야 했던 조상의 생존경쟁이 자꾸 아려온다. 설움 중에 가장 설은 게 배고픈 설움이라는데 입에 풀칠이 얼마나 절실했을 것인가. 더러는 기아에 시달리다 목숨까지도 제명을 다하지 못한 서글프고 애절했던 절규가 지금 산성에는 메아리 되어 맴돌고 있는 듯하다.

삶의 터전이 있어야 사람이 살 수 있듯이 나라 없는 백성 또한 있을 수 없다. 우리 민족의 조국을 지키고 영토를 보전하려는 속성은 예나 지금이나 다를 바 없다. 산성은 시대와 역사의 마디마다 지킴과 방어의 파수꾼으로 자리했다. 나라가 어렵고 위험에 처했을 때엔 우리의 조상은 분연히 일어나 결사항전으로 구국의 선봉에 섰으며 불의와 비리가 만연할 때는 일제히 봉기했다. 나라를 위한 마음은 남녀노소가 따로 있을 수 없었다. 모든 게 녹록지 않았던 시절에 신발 끈 허리끈 다 졸라매고 머리에 이고 손으로 들면서 바짝 달라붙어 여필종부 자세로 구국의 대열에 함께했던 아녀자였다. 죽음도 두려워하지 않고 들고일어나 혈투를 벌여 나라를 구한 민족의 기상과 절개와 숨결이 꿈틀거리는 곳이 금정산성이다.

종교의 영향은 시대를 뛰어넘는가 보다. 국교가 불교이다시피 한 신라 때부터 우리나라에 불교가 미친 공은 대단하다. 호국불교란 말이 빈말이 아니다.

조선시대에 나라 지키는 일을 유사시에는 도읍의 군병과 인근 사찰의 승려가 맡았고 평상시에도 산성 내의 범어사, 국청사 등의 승려가 맡아 수성의 임무를 했다. 국청사는 실제 임진왜란 때 승병들의 집합장소로 쓰이기도 했다. 불가에 귀의하여 평생 참선을 통하여 국태민안을 염원하던 수많은 호국승려들의 영령이 떠돌고 있고 염불과 독경이 녹아 배인 곳이 금정산성이다.

침탈 근성이 있는 민족이 따로 있는가 보다. 일본이 그렇다. 세계가 하나된 오늘날 일본은 아직도 지난날의 행적에 반성은커녕 저지른 죄상을 정당화 하려하지 않은가. 당사국은 물론 주변국이나 만방에 손으로 하늘을 가리는 어설픈 술수에 몰두하고 있음을 보며 차라리 가여운 느낌을 갖게 한다. 과거 우리에게 일본은 왜倭로 통한다. 예부터 왜는 우리 국토의 남해안과 낙동강 하류에 잦은 침입을 해왔다. 임진왜란은 대표적인 왜구의 침략행위다. 왜구의 침입이 있을 때마다 죽기를 각오하고 맞서 싸웠던 결사항전의 격전

지, 전란이 있을 때마다 인근 주민들이 피란한 곳이 금정산성이다. 우리 민족의 피와 눈물로 산하를 적신 전쟁이 임진왜란이다. 산성에 가면 일제에 항거하다 숨져간 선열의 함성과 원혼의 통곡이 들린다.

일제 강점기에 산성은 수난을 당했다. 일제에 의해 철거되고 훼손되고 망가지는 수모를 겪었다. 후대를 사는 우리가 결코 잊어서는 안 될 뼈저린 흔적이고 과거다.

금정산에 우뚝 솟은 최고봉인 고당봉 옆으론 연중 마르지 않는 금샘金井이 있고 하늘로부터 오색구름을 타고 내려온 금어金魚가 평화로이 노닐고 있다. 고당봉 아래로 능선 따라 둘레하고 있는 성벽은 안으로 많은 사찰과 암자를 품고 있으며 산성마을은 도심과 연결한 도로가 사방으로 나 있다. 울창하고 푸른 소나무 숲, 곳곳에 아름답게 펼쳐진 기암괴석은 산성과 어우러져 위용과 가치를 드높이고 있다.

초가을 하늘이 높아진다. 금정산성에도 가을이 물들 것이다. 풍성하고 여유로운 부자 도시를 꿈꾸는 금정이가 나래를 편다. 희망의 메시지를 전하는 까치가 울고 역경에도 굴하지 않는 금정인의 기상과 절개가 보인다. 인간의 한계를 극복하고 인간의 의지를 담아낸 산성의 장엄함에 고개를 숙인다. 오랜 세월 지나는 동안 민족의 한과 얼이 녹아 흘러든 성곽에는 수많은 함성과 외침이 메아리되어 들린다. 산성에 가면…….

〈2014.9.29.〉

범어사의 합장

어둠이 짙게 깔리고 고요가 내려앉은 적막한 산사의 밤, 좌불이 내려앉은 듯 고독한 선을 하는 스님 앞으로 향불이 유영한다. 대웅전 어처구니를 타고 흘러들어온 어둠이 흐르는 불의 몸짓이다. 청룡 고을, 신성하다는 청룡이 향불을 위하여 동풍을 다스리는 배려이리라.

물질문명이 발달한 현대에는 새로 개발된 명승지에 아름다운 설화가 없어 감칠맛이 덜하다. 스토리텔링이 있긴 하지만 숙성된 깊은 맛은 없다. 명찰은 오래되고 규모가 큰 것 말고도 유래부터 맛이 특이하다.

일찍이 금정산에는 고당바위에 금빛을 띤 물이 항상 가득 차 가뭄에도 마르지 않는 금샘金井이 있었고, 오색구름을 타고 범천梵天에서 내려와 노닐었던 전설의 금빛 물고기 금어金魚가 있었다. 금샘은 성역으로 생명의 원천 혹은 창조의 모태인 풍요와 다산을 기원하는 성소였다. 또한, 금샘은 하늘의 실상을 담아내는 요술샘이다. 금샘에 가면 낮엔 뭉게구름 떠가고 새벽에는 성근 별이 흐르기도 한다. 금어는 우주 만물의 창조신으로서 사바세계를 주재하는 범천왕이 있는 세계에서 내려온 물고기이다. 금샘과 금어는 신비와 신성의 상징이자 신의 피조물이다. 사람의 필요보다 하늘의 뜻이 있어 축조된 사찰에 신의 피조물을 연관하여 지은 이름이 범어사梵魚寺다.

사찰과 암자의 대부분은 명산과 명소에 터를 닦는다. 금정산 범어사 역시 부산의 최고봉인 금정산에 자리하고 있다. 부산의 진산 금정산은 호국의 얼이 서린 전설을 간직한 신령스러운 산이다. 골짜기마다 울창한 숲과 맑은 물이 항상 흘러내리고 기암절벽과 함께 절묘한 산세는 마치 한 폭의 아름다운 풍경화를 병풍처럼 펼쳐놓은 듯하다. 신의 조화와 역사가 절묘하고 신비스러워 가히 경탄하지 않을 수 없다. 금정산 최고봉인 고당봉 금샘과 능선 따라 마주하여 자리한 범어사는 아늑하고 고즈넉하기가 이를 데 없는 분지형의 선과 도량의 빼어난 터전이다.

세월이 지나도 사찰의 창건설화는 흥미롭고 해학이 넘친다. 의미심장하며 진지하다. 전설이 그리운 컴퓨터 시대를 사는 현대로서는 맛볼 수 없는 즐거움이다. 범어사의 경우도 당대로서는 딱 들어맞는 창건의 변이고 설화라 할 수 있다. 그러면서도 호국과 애족이 지극한 임금을 비롯한 나라의 동량들이 사찰의 필요를 백성에게 알리고 동시에 건립의 동참을 촉구하는 메시지로 설득력 있고 재미가 있다.

동계東溪가 편찬한 범어사 창건 사적을 보면 일찍이 신라 문무왕 때 바다 동쪽 왜병이 10만의 병선兵船을 거느리고 연안에 이르러 신라를 침략하려고 했다. 왕이 근심하던 중 꿈에 신인神人이 나타나 금정암 아래에서 의상대사와 함께 칠일칠야 동안 화엄경을 독송하면 왜병을 격퇴할 것이라고 하였다. 왕은 신의 계시대로 의상대사와 함께 마음을 다하여 화엄경을 독송했다. 땅이 크게 진동하면서 홀연히 여러 천왕天王과 신중神衆 그리고 동자 등이 각각 현신現身하여 동해의 왜적을 토벌했다. 활을 쏘고 창을 휘둘렀고 모래와 돌이 비 오듯이 휘날렸다. 또한, 바람을 주관하는 신은 부채로 흑풍黑風을 일으키니 병화兵火가 하늘에 넘치고 파도가 땅을 뒤흔들었다. 그러자 왜적들의 배는 서로 공격하여 모든 병사가 빠져 죽고 살아남은 자가 없었다. 왕은 크게 기뻐하여 의상을 예공대사銳公大師로 봉하고 금정산 아래에 큰 절을 세웠으니 바로 범어사다. 범어사의 창건 유래이다. 현실 세계의 어려움을 극복하려는 고뇌와 기지, 해학이 넘치는 설화다. 진지하고 엄숙하며 재미를 갖게 하는 신과 인간을 연결한 유래가 아닐 수 없다.

범어사는 해인사 통도사와 더불어 영남의 3대 사찰이다. 역사적으로 많은 고승을 길러내고 도인을 배출한 수행사찰로 오랜 전통과 많은 문화재가 있는 유명사찰이다.

화엄경의 이상향인 행복이 충만한 아름다운 삶을 지상에 실현하고자 설립된 사찰이다. 웅장한 크기의 건물로 지붕은 사람 인人자 모양을 한 맞배지붕으로 하늘을 향하여 손끝을 모아 합장한 모습이다. 조각의 정교함과 섬세함은 조선 중기 불교건축의 아름다움과 목조공예의 뛰어남을 보여주고 있다. 임진왜란 때 불에 타버린 대웅전을 선조 35년에 다시 지었다.

불교가 융성했던 시대의 사찰이 다 그랬지만 범어사는 위용이 주는 압도함에서 순연히 마음을 가라앉게 한다. 일찍이 성월스님은 범어사를 참선을 통해서 참다운 불성을 깨닫도록 마음을 수행하는 도량인 선찰대본산으로 명명했다. 숨 가쁘게 정신없이 살다가도 범어사에 가면 안정과 평안을 찾는다. 그곳에 가면 저절로 참선을 하며 속세의 티를 털어내게 된다. 불자가 아니어도 불심을 자아내게 하고 자연스레 두 손을 모으게 하는 끌림이 있다. 명실공이 중생의 안식처로 안성맞춤이다.

종교시설 대부분이 특색이 있지만, 불교의 사찰, 특히 우리나라의 고찰은 건축양식과 단청의 아름다움에서 흉내 낼 수 없는 고유의 예술적 가치를 발한다. 그뿐만 아니라 범어사는 보물 대웅전을 비롯한 수많은 지정문화재가 있는 문화재의 보고다. 또한 건축 · 토목 · 조각 · 미술 등이 함께 어우러진 종합예술의 극치를 보이고 있다. 범어사에 가면 웅장함에 놀라고 문화재마다에 깃든 섬세함과 절묘함에 경탄하게 된다. 혀를 차고 고개를 끄덕이지 않는 사람이 없으니 이만큼 만인을 공감케 하는 사찰도 흔치 않다. 명찰로 명성을 날리고 대중의 사랑을 한몸에 받는 이유가 여기에 있다. 가봤지만 다시 찾고 싶은 곳이 범어사가 아니던가.

사람을 결집하여 국민 대통합을 이루는 데에 종교만큼 영향력 있는 계몽도 없다. 불교는 신라의 국교라 할 수 있다. 당시 백성은 불교를 통하여 하나였고 나라의 안위도 불교를 빼고는 보장할 수 없었다. 범어사는 왜구의 침입이 잦았던 시대엔 병영이었고 수많은 승려는 국방의 최일선에서 적과 맞서 싸우는 전사였다. 때로는 병장기로, 때로는 합장 기도로 오직 조국을 지키다 숨져간 많은 선승이 잠든 곳이다. 지그시 눈 감고 있노라면 국태민안을 염원하며 합장 기도했던 선열과 승려의 영령이 아른거린다.

속세를 떠나 산사에서 인간이 지닌 백팔번뇌를 떨쳐버리기 위하여 백팔 배를 반복하며 마음에 불심이 차오를 때까지 참선과 염불 · 독경을 하는 승려의 모습에서 인생의 고뇌가 보인다. 원죄가 무엇이고 이생과 저생은 무엇인가를 생각하게 한다. 어디까지가 속죄와 해탈의 끝인가 정령 모를 일이다. 오직 몸이 닳고 뼈가 으스러지며 마음이 하얗게 물들여질 때까지 엎드리고 손을 모을 뿐이리라.

예전에도 그랬지만 민족의 성소 범어사는 오늘도 합장 기원한다. 이 나라 이 지역 금정벌에 다시는 외침의 상처가 없기를, 조국의 융성과 안녕을, 민족의 무궁한 번영과 발전을, 중생의 안식처로서 이 땅에 영원히 평화가 깃들기를.

〈2014.9.21.〉

금정이의 꿈

신은 금정산에 금정金井을 만들고 하늘에서 금어金魚를 오색구름에 태워 내려 보내 금정 땅에 부와 풍요를 약속했다. 우리는 전설 속의 금어를 '금정이'라 명명하고 금정구의 다른 이름으로 부른다.

천혜의 자연 경관을 지닌 금정산과 금정이가 어우러져 빚어내는 미래를 향한 꿈의 향연은 금정구의 자존과 지성이다. 금정이의 활약은 금정의 미래를 엮어내고 찬란한 문화와 역사를 창조하는 발전의 원동력이다.

태곳적 신비가 묻어나고 자연의 숨소리가 귓전을 스치는데 하늘엔 뭉게구름 마술사 되어 이합집산 조우를 한다. 치마폭 같은 기암괴석이 중첩한 사이로 운무가 아스라이 유영하고 낙동정맥洛東正脈의 끝자락인 몰운대沒雲臺에 일몰이 되면 금정에 어둠이 내린다. 설화와 전설의 고장 금정에 평화가 찾아들고 풍요의 금정이가 미래를 향한 글로벌 꿈을 노래한다.

한 자락으로 끌어안고 부산을 포근히 잠재우는 금정산은 한 폭의 수묵화가 펼쳐진 아름다운 진산이다. 병풍처럼 드리워져 항도를 감싸 보듬고 있다. 금정산은 국토의 남녘 해안 따라 길게 자리 잡은 유서 깊은 부산의 지킴이자 금정구의 파수꾼이다. 사철 황금 물이 마르지 않고 신비와 신성의 이미지 금빛 물고기가 노니는 샘이 있는 풍요의 산이다.

낙동강 물줄기의 도도한 정기가 흐르고 절묘하게 어우러진 산세가 빚어내는 금정산의 자연 경관은 구민을 넘어 시민을 아우르는 요람이자 정신적 지주임을 자부한다.

금정산은 선사 이전의 자연 풍경화다. 철 따라 형형색색으로 수놓는 아름다움은 영락없이 호화판 슬라이드 쇼다. 자연의 정취가 물씬 풍기는 황홀한 그림이다. 제아무리 유명한 화가일지라도 도저히 흉내 낼 수 없는, 신만이 가진 독보적 기술의 산물이다. 금정산에서 재회를 발견하고 새로움을 본다. 계절을 느끼고 때가 되면 반드시 소생한다는 약속을 믿는다.

오래전 금정이는 차명으로 지냈다. 2천여 년 전 장산국이란 이름으로 얼굴이 가려졌었고 변한, 신라, 고려를 거치는 동안에도 다른 이름에 예속되어 있었다. 조선 시대에는 동래 진, 동래 도호부로 있다가 1914년에 동래와 부산으로 나누어졌다. 오랜 곁방살이 끝에 1988년 1월에야 비로소 자치구 금정으로 독자적인 터전을 일구었다.

금정이는 수난과 아픔의 역사를 안고 있다. 금정구의 대표적 문화유산인 금정산성은 항전의 성이다. 국내 최대 규모의 산성으로 고대부터 왜구의 침입이 잦아 대피와 항전의 목적으로 삼국시대 때부터 축성된 것으로 보인다.

산성에 올라 성 따라 거닐면 선조들의 면면한 결사항전의 함성이 들리고 힘겹고 처참했던 그 시절이 아른거린다. 선조들은 긴 세월 동안 지내오면서 무너지면 다시 쌓으며 수난과 아픔을 산성과 같이했다. 헐벗고 굶주림 속에서도 왜적과 맞서 불굴의 정신으로 수성했던 선열을 떠올리면 가슴이 밑바닥까지 아리고 후벼 파진다.

금정산성은 관광명소 이전에 선열의 피와 땀이 얼룩진 역사의 흔적이며 호국과 애국의 표상이다. 선열의 얼이 살아 숨 쉬고 나라사랑 정신을 일깨우는 스승이자 교훈으로 자리매김하고 있다.

금정이는 자체로서 온통 황금빛 찬란한 문화재이며 유산이다. 금정의 어느 곳 어떤 것이든 유구한 전통과 역사가 숨 쉬지 않는 게 없다. 수많은 유 · 무형문화재와 보물, 사적, 천연기념물, 민속문화재 등이 실증이다. 금정산성 외에도 화엄경의 이상향을 지상에 실현하고자 설립된 범어사는 해인사 통도사와 더불어 영남의 3대 사찰이다. 또한 범어사는 역사적으로 많은 고승을 길러내고 도인을 배출한 수행사찰로 오랜 전통과 많은 문화재의 보고이기도 하다. 금정이가 바로 역사요 문화며 문화재다.

범어사에 가면 웅장한 사찰의 모습에 저절로 엄숙해진다. 고즈넉한 산사 경내에서는 창건한 의상대사의 숨소리가 들리는 듯 준엄해진다. 일찍이 성월스님은 범어사를 참선을 통해서 잡념과 망상을 버리고 불성을 깨달아 마음을 수행하는 근본도량이라는 선찰

대본산禪刹大本山으로 명명했다.

금정이는 구민의 문화 창달을 위하여 "금정산성 숨결 따라 전통의 향기 따라"라는 슬로건 아래 금정예술제를 열고 있다. 문화향유를 통한 구민의 창조성 개발과 삶의 질을 향상하기 위한 축제다. 금정산성과 연계하여 대중성과 예술성이 결합된 역사문화축제로 금정 문화의 진수를 한눈에 보여준다.

국내 유일의 전통 누룩으로 빚은 산성 막걸리에서 옛날 농촌의 텁텁한 기억이 피어나고 두구동의 스포원 파크엔 활력이 넘쳐나며 여유와 정서가 깃든다. 장전동 공연지원센터와 서동창작공간은 구민 모두가 예술인이 되어 보고 느끼며 감동으로 어우러지게 한다.

금정이는 집적화된 교육의 산실이자 메카로 자리한다. 초등학교에서 대학교까지 50개가 넘는 학교가 있어 도시가 온통 교육시설의 보고다. 금정을 빼고는 감히 부산의 교육을 말할 수 없다. 금정구가 교육도시인 이유다.

부산대학교는 글로벌 리더를 양성할 목적으로 진리의 전당이며 자유의 요람이자 봉사의 산실을 자부하는 세계적 명문이다. 또 다른 명문 부산외국어대학교는 세계시민으로서의 지각과 능력을 갖추어 국제사회 발전에 공헌할 수 있는 전문인을 양성하는 데 교육목표를 두고 있다. 부산가톨릭대학교도 인간과 자연을 사랑하고 존중하는 교육을 추구한다. 긍정적인 가치관과 실천력을 배양하여 희생과 봉사의 정신을 함양한다는 목표를 가지고 동량 양성에 진력하고 있다.

교육도시 금정에서 부산의 미래를 보고 대한민국의 희망을 본다. 부산을 움직이고 국내를 넘어 세계를 끌고 나갈 위대한 글로벌 리더를 꿈꾼다.

평화가 운무 되어 내려앉은 산정 너머 여명의 동이 터오는 아침이다. 푸른 솔 울창한 팔백 고지 고당봉에 까치가 기쁜 소식을 전하고 있다. 남으로 동래구, 북으로 양산시, 서로 북구가 에워싸 아늑한 넓은 벌, 금정이는 오늘도 26만 구민을 위한 희망의 꿈을 살핀다.

하많은 세월이 흐른다 해도 금정은 굴하지 않는 기상과 절개로 맑고 푸른 삶 터, 희망이 샘솟고 살맛나는 부자 도시 금정을 언제나 꿈꾸고 있다.

낮의 눈부신 태양은 활기찬 도약과 희망을 품게 하고 밤의 영롱한 별빛과 밝은 달빛은 금정의 영원한 안녕과 평화를 약속한다. 풍성하고 여유로운 삶을 보장하고 있다.

금정이여, 웅비의 나래를 펴라. 그리고 꿈의 실현을 향해 나아가라. 영원무궁하고 아름다운 금정을 위하여, 풍성하고 여유로운 금정인의 삶을 위하여.

〈2014.9.15.〉

어느 초등학교 교사 이야기

(보낸 사람: 류태영 15.12.30 05:56)

우리나라 새마을 운동의 선구자적 역할을 한 농촌운동가이자 사랑의 전도사격인 류태영 박사가 있다. 내가 류 박사를 알게 된 것은 전북도청 새만금 환경국장 재직 때이다. 당시 국무총리실에 '새만금위원회' 란 게 있는데 류 박사가 위원으로 참여하고 있어 자주 만나면서부터다. 그때 이후로 10년이 되었는데 지금까지 거의 매일같이 내게 이메일을 보내주고 있다. 보내주는 메일이 너무 귀하고 소중한 내용이 많아 펼쳐 읽는 게 일상이 되다시피 했다.

그중에 평범하면서도 감동적이어서 가감 없이 옮기고자 한다.

'K라는 초등학교 여교사가 있었다.

개학 날, 담임을 맡은 5학년 반 아이들 앞에 선 그녀는 아이들에게 거짓말을 했다.

아이들을 둘러보고 모두를 똑같이 사랑한다고 말했다. 그러나 바로 첫 줄에 구부정하니 앉아 있는 작은 남자아이 철수가 있는 이상 그것은 불가능했다.

K 선생은 그전부터 철수를 지켜보며 철수가 다른 아이들과 잘 어울리지 않을 뿐만 아니라 옷도 단정치 못하며, 잘 씻지도 않는다는 걸 알게 되었다. 때로는 철수를 보면 기분이 불쾌할 때도 있었다. 끝내는 철수가 낸 시험지에 큰 X 표시를 하고 위에 커다란 빵점을 써넣는 것이 즐겁기까지 한 지경에 이르렀다.

K 선생님이 있던 학교에서는 담임선생님이 아이들의 지난 생활기록부를 다 보게 되어 있었다. 그러나 그녀는 철수 것을 마지막으로 미뤄 두었다. 그러다 철수의 생활기록부를 보고는 깜짝 놀랄 수밖에 없었다. 철수의 1학년 담임선생님은 이렇게 썼다. "잘 웃고 밝은 아이임. 일을 깔끔하게 잘 마무리하고 예절이 바름. 함께 있으면 즐거운 아이임."

2학년 담임선생님은 이렇게 썼다. "반 친구들이 좋아하는 훌륭한 학생임. 어머니가 불치병을 앓고 있음. 가정생활이 어려울 것으로 보임."

3학년 담임선생님은 이렇게 썼다. "어머니가 돌아가셔서 마음고생을 많이 함. 최선을 다하지만, 아버지가 별로 관심이 없음. 어떤 조치가 없으면 곧 가정생활이 학교생활에까지 영향을 미칠 것임."

철수의 4학년 담임선생님은 이렇게 썼다. "내성적이고 학교에 관심이 없음. 친구가 많지 않고 수업시간에 잠을 자기도 함."

여기까지 읽은 K 선생은 비로소 문제를 깨달았고 한없이 부끄러워졌다. 반 아이들이 화려한 종이와 예쁜 리본으로 포장한 크리스마스 선물을 가져왔는데, 철수의 선물만 식료품 봉투의 두꺼운 갈

색 종이로 어설프게 포장된 것을 보고는 더욱 부끄러워졌다.

K 선생은 애써 다른 선물을 제쳐놓고 철수의 선물부터 포장을 뜯었다. 알이 몇 개 빠진 가짜 다이아몬드 팔찌와 사 분의 일만 차 있는 향수병이 나오자, 아이들 몇이 웃음을 터뜨렸다. 그러나 그녀가 팔찌를 차면서 정말 예쁘다며 감탄하고 향수를 손목에 조금 뿌리자 아이들의 웃음이 잦아들었다. 철수는 그날 방과 후에 남아서 이렇게 말했다.

"선생님, 오늘 꼭 우리 엄마에게서 나던 향기가 났어요."

그녀는 아이들이 돌아간 후 한 시간을 울었다.

바로 그날 그녀는 읽기, 쓰기, 국어, 산수 가르치기를 그만두었다.

그리고 아이들을 진정으로 가르치기 시작했다.

K 선생은 철수를 특별히 대했다. 철수에 공부를 가르쳐줄 때면 철수의 눈빛이 살아나는 듯했다. 그녀가 격려하면 할수록 더 빨리 반응했다.

그해 말이 되자 철수는 반에서 가장 공부를 잘하는 아이가 되었고 모두를 똑같이 사랑하겠다는 거짓말에도 불구하고 가장 귀여워하는 학생이 되었다.

1년 후에 그녀는 교무실 문 아래에서 철수가 쓴 쪽지를 발견했다. 거기에는 그녀가 자기 평생 최고의 교사였다고 쓰여 있었다.

6년이 흘러 그녀는 철수로부터 또 쪽지를 받았다. 고교를 반 2등으로 졸업했다고 쓰여 있었고, 아직도 그녀가 자기 평생 최고의 선생님인 것은 변함이 없다고 쓰여 있었다.

4년이 더 흘러 또 한 통의 편지가 왔다. 이번에는 대학 졸업 후에 공부를 더 하기로 마음먹었다고 쓰여 있었다. 이번에도 그녀가 평생 최고의 선생님이었고 자신이 가장 좋아하는 선생님이라 쓰여 있었다. 하지만 이번에는 이름이 조금 더 길었다. 편지에는 'Dr. 박철수 박사' 라고 사인되어 있었다.

이야기는 여기서 끝나지 않는다.

그해 봄에 또 한 통의 편지가 왔다. 철수는 여자를 만나 결혼하게 되었다고 한다. 아버지는 몇 년 전에 돌아가셨으며, K 선생님에게 신랑의 어머니가 앉는 자리에 앉아줄 수 있는지를 물었다. 그녀는 기꺼이 좋다고 화답했다. 그런 다음 어찌되었을까? 그녀는 가짜 다이아몬드가 몇 개 빠진 그 팔찌를 차고 어머니와 함께 보낸 마지막 크리스마스에 어머니가 뿌렸었다는 그 향수를 뿌렸다. 이들이 서로 포옹하고 난 뒤 이제 어엿한 의사가 된 박철수는 K 선생에게 귓속말로 속삭였다. "선생님, 절 믿어주셔서 감사합니다. 제가 중요한 사람이라고 생각할 수 있게 해주셔서, 그리고 제가 훌륭한 일을 해낼 수 있다는 걸 알게 해주셔서 정말 감사합니다."

K 선생은 또 눈물을 흘리며 속삭였다.

"철수 너는 완전히 잘못 알고 있구나. 내가 훌륭한 일을 해낼 수 있다는 걸 알려준 사람이 바로 너란다. 널 만나기 전까지는 가르치는 법을 전혀 몰랐거든."

여기까지가 류 박사가 보낸 메일의 내용이다. 누구에게 관심을 가지고 칭찬해주며 가능성을 심어주고 인정해주는 것이 그 사람에게 얼마나 큰 영향을 미치게 하는지를 보여주는 사례라 할 수 있다. 칭찬은 고래도 춤을 추며 생물, 무생물을 막론하고 아름다운 긍정의 반응을 나타낸다고 한다. 가정 형편으로 실의에 빠져 자칫 하면 잘못될 뻔했던 철수가 훌륭한 의사가 되어 사회적으로 성공한 사람이 된 배경은 K 선생의 관심과 격려 때문이었다. 최근 사도가 땅에 떨어지고 막말, 폭언 심지어 폭행까지 하는 제자가 언론에 보도되는 것을 보면서 세상이 어떻게 될 것인지 여간 걱정되지 않는다. 스승의 그림자도 밟지 않아야 한다는 말은 옛말이 되었는지 개탄스럽다. 하루빨리 실추된 교권의 회복과 올바른 사제관계의 확립이 절실한 때다. 교육이 정상적으로 시행될 때 사회가 정화되고 나라의 미래가 희망이 보인다.

〈2016.1.23.〉

아주 특별한 날

오늘은 아주 특별한 날이다. 아내랑 제수들은 꽃구경하고 나는 그들을 모시는(?) 운전자가 되는 날이기 때문이다. 일곱 명까지 탈 수 있는 내 차 안에 아내랑 제수들이 함께 타고 있다.

"오늘 하루 일정입니다."라고 꽃구경 일정을 말한다. 기대와 흥분으로 들떠있는 제수들은 귀를 쫑긋하며 경청한다. 나는 이 일정을 위하여 며칠 전부터 구상하고 인터넷 등을 검색하여 세세한 준비를 했다. 해마다 하는 꽃구경이라 생소하지는 않지만 들뜨기는 나나 제수들이나 매한가지인 듯하다. 벌써 이 행사(?)를 시작한 지가 여러 해째다.

십여 년 전 어느 날, 아내가 형제모임인 한마음회의에서 제수들에게 코스모스 꽃구경을 시켜 주겠다고 뜻을 밝힘에 따라 전례가 되어 간헐적으로 시행하여 오고 있다.

한마음회는 우리 일곱 형제의 부부가 회원으로 구성된 모임이다. 벌써 20년이 훨씬 넘게 한 달에 한 번씩 운영해오고 있다. 나는 맏이로서 이 모임의 좌장이다.

우리는 모일 때마다 예배로 모임을 시작한다. 처음부터 그렇게 해오던 터이라 신자, 불신자를 막론하고 예배를 드린다. 전통이며 가통이 되었다. 나는 모임을 주도하면서 무던히도 가정에 관한 말을 많이 했다. 부부는 하늘이 맺어준 것이므로 사람이 마음대로 갈라놓을 수 없고 신뢰가 첫째이어야 한다고 강조했다. 그러나 가끔 엇박자를 보이는 형제 때문에 마음이 편하지 않았다. 모임이 깨어질 듯한 위기도 있었지만, 나는 부정적 시각과 냉소적 반응에도 불구하고 묵묵히 모임을 붙들며 이끌어 왔다.

나와 아내는 수십 년이 지나도 남 안 하는 장남과 맏며느리 노릇을 하는지 형제네에 대하여 노심초사하며 좌불안석이다. 과잉인지 불필요한 간섭인지 아무튼 우리는 그렇다. 모임이 파행을 겪을 때는 허탈하고 공허한 마음이 들었지만 그래도 나는 자주 물 주고 가꾸며 힘써 왔다. 이제는 완전히 정착되어 일상처럼 돌아간다.

어찌했던 일단 형제 부부가 매달 함께 만난다는 것만으로도 흐뭇하고 행복한 일이다. 우리는 이 모임을 통해서 집안 모두의 사정을 파악하고 희로애락을 함께하고 있다. 모두가 이 모임의 취지를 좋게 받아들이고 양보하고 이해하는 데서 비롯된 일이리라. 형제 중 어느 가정이 삐딱거리는 기운이 돌면 모두가 우르르 몰려와 위로하고 도와서 내 일처럼 해결하며 지낸다. 지금은 제수들이 이 모임에 더 애착을 갖고 적극적이다. 정기적인 모임 외에도 수시로 이와 같은 형식으로 몇 가정씩 회동하는 경우도 많다.

원래 우리 형제는 물려받은 유산은커녕 개인적으로도 제 몸 하나 가누기도 버거운 형편과 처지였다. 더군다나 생업마저 변변치 않아 미래에 대한 비전도 불투명했다.

대를 물려 내려온 절대빈곤이 모든 일에 발목을 잡아 여간 힘겨운 형편이 아니었다. 어디에 대고 비빌 언덕조차 없는 소 떼들이었다.

그런 와중에도 제수들은 각기 형제와 결합하여 가정을 이루어 주었다. 어떻게 보면 제수들은 재수(?) 없게 남편을 만났고 형제들은 운(?) 좋게 아내를 만난 것이다.

제수들은 남의 집 세간에서 날마다 호구지책으로 물불 가리지 않고 뛰고 또 뛰는 삶을 이어왔다. 일자리는 누가 만들어 놓고 오라고 하는가? 궂은일 싫은 일 가리고 따질 틈도 없이 닥치는 대로 이리 뛰고 저리 뛰며 몸을 돌보지 않으며 일해 왔다.

몸이야 젊으니까 감당한다지만 더 힘든 건 마음고생이었다. 잘살아보겠다고 올인해도 역부족인데 가끔 곁가지 길에 들어가 엉뚱한 일을 저지르는 형제의 행보는 제수들의 양 어깨에 힘을 빼놓곤 했었다. 그래도 제수들은 참고 또 참으며 오뚝이처럼 다시 일어나 뛰었다. 언젠가는 지금보다 나아질 거라는 믿음과 희망을 가지고 힘들고 지친 몸을 달래며 앞만 보고 걸어왔다. 그러한 제수들이다. 나와 아내는 이러한 사실을 누구보다 잘 안다.

아내와 제수들은 기분이 좋아서 밀리고 쌓인 얘기를 두서없이 하느라고 신바람이 났다. 나는 묵묵히 조심운전을 한다.

꽃길을 달릴 때는 경쾌하고 신나는 음악도 들려줬고 근사한 점심

메뉴도 사전에 예약해 두었다. 여행 끝 귀로에는 선물가게에 들러 그럴싸한 선물도 고르라고 했다. 오늘 선물은 지난해와 마찬가지로 곧 있을 김장에 대비해서 젓갈을 준비했다.

도로 양 길가에 흐드러지게 핀 코스모스는 끊일 듯하다가 이어지고 가을바람을 가르며 달리는 우리를 보고 반갑다고 고개 숙여 일제히 인사를 한다.

산에는 오색 단풍이 아름답게 수놓아져 감탄과 흥분으로 설레게 하고 누렇게 익은 가을 들녘엔 안 먹어도 배부른 추수의 기쁨이 묻어나고 있었다.

아내와 제수들은 콧노래로 합창을 하다가 창밖에 펼쳐진 아름다운 가을풍경에 생전 처음 본 듯 경탄에 빠진다.

나도 이따금씩 끼어들어 말을 건네며 덩달아 좋아한다. 제일 어려운 게 시숙과 제수 사이라는데 나와 제수들은 그렇게 벽이 무너지고 있었다.

김제 심포에서 시작된 꽃구경은 월촌을 지나 정읍 산외, 산내, 칠보를 거쳐 고창 메밀밭·해바라기 꽃 축제장을 둘러보고 부안 곰소에 이르렀다. 곧이어 있을 김장용 젓갈을 듬뿍 사들고 서둘러 부안으로 향했다. 제수들은 "시숙님 말씀 먹고 산다."고 하며 미안한 듯 내 기분을 돋우며 좋아라고 신이 나 있다.

하루 종일 꽃길 따라 족히 250km는 달린 듯하다. 새만금 방조제 길에 접어들었을 때는 어느덧 일몰이 되어 땅거미가 내리고 있었다.

충남 서천의 단골 칼국수 집까지는 아직 40분 정도 남았다.

모두 다 피곤함도 잊은 채 날마다 오늘 같았으면 좋겠단다.
그렇게 아주 특별한 날은 서서히 저물어 갔다.

〈2013.10.8.〉

물같이 살았으면

모처럼 여유로움이 묻어나는 오후, 호숫가에 섰다. 하늬바람이 일었는지 엷게 이는 물결이 조용히 파장을 만들고 물새가 일렁이며 한가롭게 유영을 한다. 호수는 커다란 거울이 되어 또 하나의 하늘을 담고 있다.

하늘에 뭉게구름이 떠 가면 물속에도 똑같이 구름 가고 나도 구름 따라 한없이 떠간다.

잿빛 하늘처럼 내 마음이 허허로워진다. 얼마 안 있으면 추수가 끝난 들녘도 그럴 것이다. 마음도 들판도 공空이 된다. 공은 비었지만, 또 뭔가를 담고 채울 수 있는 여유가 있어 좋다.

생물은 물 없이 살 수 없다. 물은 영양소이자 생명의 원동력이기 때문이다. 달을 정복하고 화성을 탐사할 때도 제일 먼저 찾는 것이 물이다. 물이 있다는 것은 생물이 있다고 미루어 볼 수 있고 사람의 생존 가능성을 가늠할 수 있어서다.

인체에 물이 차지하는 비율이 무려 70%나 된다고 하니 물이 없으면 사람은 죽을 수밖에 없다. 물 속에 함유된 각종 영양소는 에너지다. 아무것도 먹지 않고 사람이 물만 먹어도 30일은 죽지 않는다는 보고도 있다. 산소 같은 존재이면서 소중한 생명이고 자원이다.

인간의 탄생보다 인류문명의 발생보다 물이 먼저 있었는지 모른다. 물은 모든 살아 존재하는 것들에 대한 에너지이고 생명이기 때문이다. 겉으로 드러내지 않고 생물체에 숨어서 생명을 유지시키는 소임을 다한다. 중화되고 감춰지더라도 자신의 물성을 잃지 않는 올곧은 선비같이 초지일관으로 존재한다.

물은 해결사다. 목이 타 죽을 것 같은 갈증에 시달릴 때도 시원한 물 한 사발이면 금방 살아나고, 농부가 오랜 가뭄으로 하늘만 바라보다가도 흡족하게 비가 내리면 해갈되어 영농할 수 있다. 해결의 근원이 물이다.

물은 치유와 성장의 약이다. 순수하고 청정한 물만 마셔도 낫는 병이 많고 건강이 유지된다. 사람들이 앞 다투어 좋은 물 마시기 경쟁에 나서는 이유다. 사람도 작물도 물을 마셔야 생명을 유지하며 성장한다. 영양만 섭취하고 거름만 준다고 해서 자라지 않는다. 물을 마시고 주어야 자라고 열매 맺는다. 물이 성장의 촉진제이자 영양소이기 때문이다. 작물의 성장에는 고인 물 수돗물보다 하늘에서 처음 땅에 내리는 빗물이 최고다.

물은 변신의 마술사다. 물로 만든 화합물이 무수히 많다. 석고나 흙에 물을 섞어 조각이나 형상을 만들고 시멘트, 모래, 자갈에 물을 섞어 콘크리트를 만들어 여러 시설물을 만든다. 모두 다 물 없이는 불가능한 일이다. 일정한 시간이 지나면 물은 조용히 빠져나와 다시 물로써 존재한다. 질량불변의 원칙이다. 물이 빠져나와도 조각이나 형상, 시설물은 모양 그대로 유지되니 이보다 더한 변신이 어디 있겠는가.

물은 청결의 대명사다. 빨래, 청소, 목욕 등은 물 없이는 불가능하다. 물은 오염된 어떤 것이라도 마다하지 않고 청정한 자신을 기꺼이 희생해서 깨끗하고 개운하게 해주고 상대의 더러움을 끌어안는다. 어떠한 대가도 반대급부도 원하지 않는 완전한 헌신이다. 예수나 석가 등 성인에서나 가능한 일이지 사람은 그렇게 못한다.

물은 인내, 순응, 목표지향이다. 물은 흐르다 웅덩이를 만나면 잠시 갈 길을 멈추고 기다린다. 언젠가 다시 흘러내릴 기회가 반드시 온다는 것을 알고 참는다. 그러나 포기하지는 않는다. 또한 물은 흐르다 장애를 만나면 돌아갈 줄을 안다. 꼭 그 길을 고집하지 않는다. 사람도 살다 보면 멈춰야 할 때도 있고 더디 갈 때도 있기 마련이다. 마음먹는 대로 쉬지 않고 승승장구하며 살 수만 없는 게 인생이다. 인생길 가다 보면 디딤돌만 있는 게 아니다. 어떤 땐 끝도 안 보이는 걸림돌만 깔린 사나운 길도 나온다. 세상의 이치가 그러지 않던가?

물은 또 계속해서 흐르려고 한다. 담담히 자기가 가야 할 길을 알기 때문이다. 다른 술수는 생각하지도 않는, 우직하지만 정직하다. 정체된 물은 썩기 때문이다. 썩음은 죽음이다. 물의 생명이 끝나고 폐기됨을 물은 안다. 끝도 없이 흐르려 한다. 물이 가는 길의 끝이 바다이건 하늘이건 흐르고 순환한다.

물은 원칙주의자다. 아무리 환경과 조건이 나쁘더라도 위로 흐르지 않는다. 반드시 그리고 기어이 아래로만 흐르는 고집 센 원칙주의자다. 초지일관이다. 액체가 가지는 속성을 탈피하지 않는다. 만약 물이 아래서 위로 거슬러 흐르면 세상이 끝이다. 더는 자연의 이치가 아니다. 사람은 상황에 따라 원칙을 저버리는 세상에 물이 우리에게 경고의 메시지를 보내고 있음을 간과하지 말아야 한다.

물은 포용과 관용의 달인이다. 물은 종착역인 바다로까지 흐르면서 수많은 세상의 온갖 오염을 다 쓸어안고 온다. 그러나 바닷물은 아무리 더럽고 냄새나는 물이라도 청탁을 불문하고 받아들인다. 전혀 불평도 불만도 없다. 내세우는 조건도 없다. 오는 그대로 껴안는다. 오히려 받아들이는 순간부터 섞여 희석하려 하고 서로 화합하려고 한다. 둘이 합해 하나되어 본래의 물로 정화하려고 안간 힘을 다 쓴다. 인종을 차별하고 신분과 직업의 귀천을 따지며 인권을 무시하는 세상은 아직도 개선이 요원하니 어쩌면 물만도 못한 게 아닌지 모를 일이다. 용서하고 화해하고 동화되는 사람냄새가 그립다.

물에는 귀가 있다. 어느 TV프로그램에 긍정의 힘에 대한 실험이 있었다. 일정시간 동안 긍정의 말과 부정의 말을 들려준 두 물체의 실험 반응이 놀라웠다. 긍정의 말을 들은 실험체는 물맛이 부드럽고 좋게 나타났다. 또, 일본 어느 학자의 실험에서는 긍정의 말을 들은 물의 입자가 아름다운 눈꽃 모양으로 보였다고 한다. 이 같은 실험은 비단 물뿐이 아니라 무생물에서도 같은 결과가 나왔다고 한다. 흔히 어리석은 사람을 두고 말 못하는 짐승만도 못하다고 하는데 물보다 못한 것은 아닐까 싶다.

태곳적부터 물이 있었다. 물은 생멸을 거듭하여 옛 물이 아니지만, 물의 성질은 그대로이고 변하지 않았다. 물은 물이 해야 할 일을 묵묵히 계속하고 있다. 고일 때는 고였고 멈출 때는 멈췄으며 흐를 때는 흐르고 있다. 오늘도 물은 말없이 우리에게 많은 것을 웅변하며 흐른다. 물을 닮으라고, 물같이 살라고.

〈2014.9.3.〉

서른세 살에 죽는다

새벽에 출근해서 담당 마을로 향한다. 명을 받아 해야 할 일이 한둘이 아니다. 새벽 공기를 가르며 자전거 페달을 밟아, 오라고 반기지도 않는 십릿길 마을로 가서 이장과 마을 사람을 만나며 온종일 애걸복걸 하소연하다시피 구걸 종합행정을 펼친다. 그러다 해질 무렵이면 귀청하여 복명회에 참석한다. 마치 빚진 자나 죄진 자처럼 재판받듯 전 직원이 모여 수명사항의 결과를 읍장에게 보고한다. 내가 처음 공직생활을 시작한 게 부안읍사무소였는데 그 시절 일과의 한 단면이다. 당시 공직사회는 오직 상명하복만 있을 뿐이었다. 명하면 무조건 따라야 했다. 법적으로 출, 퇴근 시간이 정해 있었지만 유명무실했다. 장長이 명하는 시간이 출, 퇴근 시간이고 근무는 무한봉사였다. 지금처럼 특근이니 시간 외 수당은 꿈에도 생각할 수 없었다. 오죽하면 상사의 눈치를 보느라 가족의 제일祭日도 말하지 못하고 야근했겠는가. 내가 생각해도 그 시절 공직

분위기와 지금을 비교해 보면 격세지감이 크다. 옳은 방법인가 생각하고 따질 분위기가 아니었다. 솔직히 모든 직원의 불만이 팽배했지만 울며 겨자 먹기 식으로 하라는 대로 하고 끌려다니는 식의 일과가 되풀이되었다. 잘살아보겠다는 나라의 엄숙한 소명이 공직자를 힘들게 했지만, 당시로써는 소기의 목표달성을 위하여 지시만 하는 행정이 필요한 시기였다고도 생각한다.

종일 온 동네를 누비고 논밭 두렁을 타고 다니다 귀청하면 몸이 피곤하고 나른하다. 복명회가 밤늦게 끝나면 직원은 삼삼오오 짝을 지어 막걸리로 목을 축이고 배를 채운다. 가끔 당구장이나 탁구장을 가는 등 즐길 거리를 찾아다니곤 했다. 그날도 일행은 얼큰한 김에 장난삼아 대폿집을 나오다 유명 작명가가 머문다는 여관으로 향했다. 모두 방으로 들어가 건성으로 인사를 하며 작명가 앞에 앉았다. 한 사람씩 자기의 이름을 말해 주면 작명가는 이름을 풀이하고 개명을 요구한다. 마침내 내 차례가 되었다. 내 이름을 한자로 댔더니 대뜸 하는 말이 "당신 이름 바꾸지 않으면 서른세 살에 죽는다."라고 했다. 그러니 죽음을 면하려면 이름을 바꾸라는 것이다. 스물이 갓 넘은 내가 얼마 아니면 죽는다는 말이었다. 순간, 충격이 어찌나 크던지 감정을 억누르기 힘들었다. 깊은 시름과 고민에 빠질 기막힌 일이었다. 동석한 몇몇 직원도 개명을 검토하라고 권했다. 전문 지식이 없는 나는 흔들렸다. 그도 그럴 것이 내 이름은 아버지 어머니가 지은 것도 아니고 면사무소 호적 담당 직원이나 동네 구장(이장)이 지은 것이다. 아버지는 면사무소에 일 보러 나가는 구장에게 내 이름을 알려주며 출생신고를 하라고 의뢰했었다고 한다. 그리고는 그 뒤로 아무도 그 사실을 확인하지도 않았고 확인할 일도 없었다. 당시엔 초등학교에 입학할 때 호적도 확인하지 않았던가 보다. 초등학교 졸업장에도 내 이름은 '인수'가 아니라 '민수'이다. 따라서 동네 사람이나 초등학교 동창생은 지금도 나를 '민수'라고 부른다. 지금의 내 이름을 확인한 것은 중학교 입학 때였다. 학교에 제출하기 위해 면사무소에서 호적초본을 발급받으면서 '인수'가 내 이름임을 알았다. 그러니까 내 이름은 구장이나 면 직원이 적당히 알아서 지은 것이다. 참으로 어처구니없고 한심할 일이지만 사실이다. 어쩔 수 없이 그때 후로 내 이름은 '인수'가 되었고 지금까지 '인수'로 살고 있다. 무지와 무식한 까닭이지만 하는 수 없었다. 당시 우리나라의 문화 수준이 그 정도였다고나 할까. 그러니 나는 작명가가 한 말이 걸릴 수밖에 없었다. 그렇지만 나는 고심 끝에 작명가의 말을 무시하고 개명하지 않기로 했다. 잘 잘못을 떠나 그런 상황에서 그때 작명가의 권유를 받아들이지 않은 용기는 대단했다고 생각된다.

그 후로 나는 전북도청으로 전보 발령되어 전주로 이사하여 살게 되었다. 어느 날 아내가 자기 고향 인근 마을에 살던 분이 사주, 작명을 보는 일을 한다면서 허실 삼아 한 번 들르자고 했다. 무심코 아내를 따라 그를 방문하게 되었는데 역시 그때도 나에게 개명을 권했다. 그뿐만 아니라 어렵게 말을 꺼내면서 "원래 당신들 같은 사람은 만나지 말았어야 했다."고 말했다. 두 사람의 사주팔자로 봐서 부부의 연을 맺어서는 안 된다 했다. 그러니 개명을 통하여 악연을 보완하라는 것이었다. 이 또한 얼마나 충격이고 기분 나쁜 말인가. 그 말을 들은 나는 자못 신경이 곤두세워졌다. 아내는 결혼 전이라서 이전 부안에서의 작명가가 내게 한 말을 알지 못한다. 그러나 나는 벌써 두 번째 같은 말을 듣는 터라 여간 신경 쓰이지 않을 수가 없었다. 확실히 내 이름이 좋지 않은가 하는 생각이 압도했다. 내가 단명한 것은 고사하고 부부간의 연도 문제가 심각하다고 하니 초조하기까지 했다. 점술가가 점하는 것도 아니고 소위 역학易學이라며 통계와 전문성을 갖고 철학적 분석을 통하여 판단한 결과를 말한다는데 문외한인 내가 흘려듣기엔 개운치가 않았다. 그때 이미 나는 서른한 살이 훌쩍 넘었고, 부안의 작명가가 말한 대로라면 2년도 채 안 되는 미래에 죽어야 했다. 누구한테도 말 못하고 혼자 끙끙대며 전전긍긍했다. 이쯤 되면 내 심정이 어떠했겠는가. 그야말로 피를 말리는 듯했다. 며칠을 속으로 고심하다 마침내 개명하지 않겠다는 큰 결심을 했다. 어차피 내게 주어진 운명이라면 받아들이자고 마음먹었다. 당시 이런 생각을 하면서 자신을 달랬다. 이름이 좋지 않아 죽어야 한다면 대한민국의 그 흔한 대표 이름인 철수와 영이, 영자, 순자, 순희 등의 이름을 가진 많은 사람 중 상당수가 조기에 죽었어야 했다고. 나는 용하게도 께름칙한 마음을 일부러 짓누르며 평정심을 찾았었다. 그로부터 40년 가까이 더 살고 있다. 결과적으로 두 작명가가 예측하여 말한 것은 빗나갔다. 그러나 나는 나이 서른세 살이 지날 때까지 속으로 말 못하고 얼마나 가슴 태웠는지 모른다. 특히 서른세 살이 되던 해에는 작명가의 말이 징크스로 남아 일 년 내내 뇌리에서 떠나지 않았다. 이런 정신적 피해 보상은 무엇으로도 안 된다. 자기의 이익과 돈벌이를 위하여 아무에게나 무차별적으로 '아니면 말고' 식으로 극단적인 말을 내뱉는 무책임한 사람이 너무 많다. 깊이 생각하지 않고 아무렇게나 던진 말 한마디가 나처럼 평생을 두고 가슴 조여야 한다면 이보다 더 큰 죄가 있겠는가.

요즈음은 많은 분야에서 이런 경우가 만연되고 있는 것 같아 안타깝다. 충격적인 말로 상대를 극도로 불안하게 하여 마케팅에 성공만 하려 한다. 상대가 받을 피해에 대하여는 나 몰라라 하고 코앞의 이익만 추구하는 상술이 난무하고 있다. 상도의란 말이 무색할 지경이다. 모든 분야에서 이런 일이 빚어진다면 사회가 난장판이 된다. 내가 상대를 속이면 상대는 또 다른 일로 나를 속인다. 나의 일과성의 무책임한 행동이 곧바로 내게 부메랑 되어 돌아온다는 사실을 명심해야 한다. 지금까지 그들이 살아 있다면 쫓아가 뺨이라도 한 대 때려주고 싶다.

〈2016.5.25.〉

도라지꽃 단상

새벽부터 가랑비가 추적추적 내리고 있다. 비닐 비옷을 챙겨 입고 평소 찾는 인접한 안골 공원을 향했다. 하늘을 보니 아직도 비구름이 꽉 끼어 있다. 후텁지근한 날씨가 이어지는 걸 보니 비다운 비라도 내리려나 보다.

새벽이면 어김없이 밖에 나와 지성으로 텃밭을 가꾸는 아주머니를 또 만났다. 이런 날엔 안 나와도 괜찮을 텐데 청승맞은 건 나나 아주머니나 다른 바 없다.

"안녕하세요? 이런 날은 쉬시지 나오셨네요."

"예~ 비 오는데 가시게?"

아주머니가 가꾸는 텃밭을 지나 조금 걸으면 산 언덕배기가 나온다. 지형 따라 자연스럽게 형성된 산책로가 벌써 미끄럽고 질다. 오르막 비탈이라서 여간 조심하지 않으면 넘어지기에 십상이다. 한참을 올라가도 인기척이 없다. 여느 때 같으면 벌써 많은 사람이 보일 것이지만 오늘은 아니다. 머리를 산책로에 처박은 듯 숙인 채 미끄러지지 않으려고 조심해서 걷고 있는데 갑자기 뿌드득 소리 내며 꿩 한 마리가 날았다. 깜짝 놀랐다. 비는 내리고 고즈넉하기까지 한 이른 아침 정적이 흐르는 산속이어서 더욱 그러했다. 늘 다니던 공원이지만 스산한 느낌이다. 몸을 일으켜 주변을 두리번거리며 살펴본다. 조심해야 한다는 무의식의 반작용이다.

소나무, 상수리나무, 아까시도 흠뻑 비를 맞으며 의연히 서 있다. 나무는 비가 오든 눈이 내리든 피하지 않고 온몸으로 받아들인다. 불평도 없다. 순응할 뿐이다. 나뭇잎이 오염된 공기와 공해로 찌든 몸을 다 씻어 낸 것인지 짙은 초록으로 윤이 나 반짝인다. 수풀이 모두 더위에 지친 몸을 식히듯 비로 샤워한다. 보기만 해도 시원하고 깨끗하다. 정상이 가까운 능선에 닿았다. 비옷을 걸치긴 했지만, 아랫도리는 벌써 젖은 지 오래다. 가슴팍이랑 등에는 땀이 흘러 끈적끈적하다. 어차피 젖은 몸인데 여유를 갖자고 생각한다.

정상에 올라 내려다보이는 시내를 이리저리 방향을 바꿔가며 조망한다. 오밀조밀한 도심, 게딱지 같은 집들이 촘촘히 박히고 뭐가 그리 볼일이 많고 바쁜 것인지 실금 같은 도로 위로 많은 차가 경주하듯 꼬리를 문다. 그 속에서 벌어지는 수많은 일상의 일들이 우리의 삶이고 이야기다. 되는 대로 살면 될 것을 왜 그리 북적대고 야단법석인지 모르겠다. 저먹을 것 제가 갖고 태어난다고 했는데…….

정상에서 공원 끝부분까지는 거의 굴곡 없이 평탄하다. 빗줄기가 굵어지고 제법 세차게 내린다. 이미 비로 흠뻑 젖은 몸 더는 비를 피해야 할 이유가 없어졌다. 이 생각 저 생각을 하면서 굽어보고 치켜보며 한가로이 뚜벅뚜벅 걷는다. 모처럼 나만의 우중한雨中閑이다.

한참을 걸어서 산등성이를 내려오는 길목이었다. 밑으로 조그만 암자가 보이는 쪽에 아주 예쁘고 깜찍하게 생긴 꽃들이 내 눈을 사로잡았다. 감격에 겨운 탄성이 속으로 흘러나왔다.

"야! 참 예쁘다. 정말 아름답다."

망설임 없이 다가갔다. 함초롬히 비를 맞아 묻어나는 청초함이 뭐라 표현할 수 없을 정도로 곱고 예뻤다. 처음 보는 꽃이다. 집단으로 많이도 피어있다. 나는 순간 무슨 횡재나 한 것처럼 가슴이 뿌듯하고 벅차 왔다. 생각하고 따질 겨를도 없이 다가가 한 움큼 꺾었다. 화병에 꽂으면 좋을 것 같아 집으로 가져갈 요량이었다. 나는 무슨 대견한 일이나 해낸 것처럼 가벼운 마음으로 서둘러 집으로 돌아왔다. 집을 나선 지 두어 시간은 흘렀을 것이다. 평소에는 한 시간도 못 걸리는 산책인데 오늘따라 질펀하게 여유를 가진 것 같다.

현관문을 열자마자 큰 자랑거리나 생긴 것처럼 "여보! 이것 봐." 하며 꺾어온 꽃을 내밀었다. 당연히 아내도 좋아할 것으로 생각했는데, 아내는 나를 위아래로 한 번 훑어보더니 한심하다는 표정으로 말했다.

"아이고 저 꼴 좀 봐……. 당신 그 꽃 어디서 꺾었어?" 꽃에 대한 반응은 뒤로하고 흠뻑 비에 젖은 내 모습에 먼저 눈길이 갔던가 보다. 원래 아내는 깔끔하기가 결벽에 가까울 정도다.

“왜? 안골공원 갔다 내려오는 산기슭에 많이 피었던데……. 거기서 꺾었어.”

“아이고 이 양반아! 이 꽃이 도라지꽃이야. 당신 도라지꽃도 몰라?”

“그래~ 도라지꽃이야? 나 도라지꽃 몰라. 처음 봤어.”

“누가 거기 밭에다 도라지를 재배한 것이야. 그런데 당신이 그 꽃을 꺾어왔으니 큰일이다. 밭 주인이 봤으면 당신 봉변당할 뻔했네. 지금까지 도라지꽃도 모르고 있었어?”

나는 당연히 자생하는 이름 모를 꽃이라 생각했는데 누군가 일부러 재배한 도라지였다니 어처구니가 없었다. 도라지 뿌리는 보아서 알고 있었지만, 잎과 줄기, 꽃은 미처 알지 못했다. 무지가 부른 웃지 못할 실수였다. 집단으로 피어 있는 걸 보고 의심해봤어야 했다. 애써 가꾸며 지은 농사를 망치게 한 일을 되돌리지도 못하고 참으로 난감했다. 아내는 꽃이 예쁘긴 하다면서 기왕 꺾어온 거니까 화병에 꽂자고 했지만 멋쩍은 기색은 냉큼 가시지 않았다.

서둘러 몸을 씻고 백과사전을 펼쳐 ‘도라지’ 를 찾았다. 초롱꽃과의 여러해살이풀이고 흰색 꽃과 보라색 꽃 두 종류가 있다고 적혀 있었다. 다시는 같은 실수를 하지 않을 생각으로 활짝 핀 꽃 사진도 눈에 확실히 박았다. 꽃말은 ‘영원한 사랑’ 이라고 한다. 아주 옛적 어느 시골의 ‘도라지’ 라는 이름을 가진 어여쁜 소녀가 멀리 돈 벌러 간 친척뻘 오빠를 평생 기다리다가 꽃이 되었다는 설화가 있다. 설화처럼 순백과 남보라로 피어난 청순하고 단아한 꽃의 자태가 예쁘고 아름답기 그지없다. 도라지는 주로 뿌리를 약용으로 쓰지만, 꽃 자체만으로도 충분히 사람을 매료시키는 꽃이다. 슬프고 애절한 전설을 품고 있는 도라지꽃, 청순한 사랑과 충절로 피어나는 도라지꽃, 올해도 다시 전설을 피워내고 있는 도라지꽃, 내년에도 그리고 영원토록 살아 있는 전설로 새롭게 피어날 도라지꽃, 진정 영원히 사랑해줄 것 같은 꽃이고 곁에 두고 싶은 전설의 꽃이다.

〈1998.7.9.〉

사람은 두 번 죽는다

사람은 누구나 예외 없이 탄생과 죽음을 맞는다. 탄생은 새로운 생명이 태어나는 신비다. 탄생은 생명이 있으며 꿈과 희망이 있다. 그러나 죽음은 생명이 사라지는 것이며 절망이고 종말이다. 인간의 탄생과 죽음은 기독교적 관점에서 보면 에덴동산에서 출발한다. 하나님이 태초에 사람을 만들 때 흙으로 당신 형상대로 사람을 빚은 다음 생령을 불어넣어 남자를 만들고, 남자의 갈비뼈를 취하여 여자를 만들었다고 한다. 그게 아담이고 하와다. 바로 인간의 시조다. 그들은 하나님과 같이 영원히 죽지 않을 수 있었지만 하나님이 금한 생명나무의 열매(선악과)를 따먹은 죄로 에덴동산을 쫓겨나야 했고 반드시 죽어야 하는 형벌을 받게 된 것이다. 인간의 호기심과 욕심이 죄를 낳고 죄가 사망을 낳은 것이다. 원조 인간 아담과 하와의 후손인 우리는 이로써 반드시 죽어야 하는 숙명을 안은 것이다. 세상에 태어난 사람은 누구나 죽어야 하고 죽을 수밖에 없다. 그 죽음은 예고 없이 다가오고 죽으면 세상에서의 삶이 끝난다. 아무리 좋고 중요한 일이라도 그냥 놓고 떠나야 한다.

이 세상에 가장 어두운 말이 '죽음' 이라는 말이다. 가장 하기 싫고, 생각하고 싶지 않고, 두렵고, 우울하고, 절망적인 말이 '죽음' 이다. 절대로 입에다 담고 싶지 않은 말이다. 죽음이라는 말도 듣지 않고 죽음을 보지도 맞지도 않고 살 수 있다면 얼마나 좋을까? 모든 인류의 공통된 염원이 죽음에서 벗어나 죽음을 극복하는 것일 게다. 그러나 죽음을 피하는 것은 오직 우리의 염원이고 희망일 뿐이다. 누구나 죽음을 비켜갈 수는 없다. 죽음은 그 누구도 해결할 수 없는 문제다. 가장 위대한 철학자도, 가장 위대한 과학자도 영웅호걸도 죽음 앞에서는 어쩔 수 없다.

《성경》 히브리서 9장 27절에서도 하나님은 히브리서 기자를 통해서 "한 번 죽는 것은 사람에게 정한 것이요 그 뒤에는 심판이 있으리니" 라고 말함으로써 죽음을 기정사실화 했다.

육신의 죽음을 보지 못한 죽음의 사례가 오직 하나 있다. 《성경》 히브리서 11장 5절에 보면

"믿음으로 에녹(Enoch)은 죽음을 보지 않고 옮겨졌으니 하나님이 그를 옮기심으로 다시 보이지 아니하였느니라." 라는 기록이 있다. 그러나 에녹도 죽음이 보이지 않았지만 이 땅에서는 사라졌으니 그도 역시 분명히 죽은 것이다. 일종의 기독교 종말론의 휴거携擧(rapture, 그리스도가 세상에 다시 올 때 기독교인들이 공중에 함께 올라가 그분을 만난다는 것을 가리키는 말) 사건이라고 할 수 있다.

잠시 죽음을 비켜가거나 통과한 사례도 있다. 죽을 고비를 넘긴

경우다. 여러 정황으로 볼 때 꼭 죽었어야 했음에도 용케 살아난 경우다. 나도 불혹의 중반 즈음에 아내와 함께 대형 교통사고를 당하여 죽을 고비를 넘긴 일이 있다. 사고 정도로는 영락없이 죽었어야 함에도 다친 데도 없이 멀쩡히 살았다. 다행이라는 말 외엔 이해되지 않는 사고이며 결과였다. 예고 없이 찾아오는 많은 죽음의 위기를 한 번 모면하고 통과한 것이다. 그날 이후 우리는 이미 마감했었어야 할 삶을 덤으로 산다는 생각을 하며 산다. 아무리 찾아봐도 동서고금을 통하여 죽지 않은 사람은 없다. 다시 말하지만 사람에게 죽음은 필연이고 정한 이치다.

다른 한편으로 생각해보면 만약 사람이 영원히 죽지 않는다면 이 또한 얼마나 끔찍한 일인지 모른다. 자연의 섭리와 윤회의 법칙에도 맞지 않는다. 사람이 영원히 삶으로써 파생될 부작용이 훨씬 더 많을 것이다.

죽음이 과연 무엇일까? 사람이 죽는다는 것은 영혼과 육신이 분리되는 현상이다. 사람은 기이하고 신비스럽게도 영과 육으로 형성되었다는 것을 누구도 부인하지 않는다. 사람에게서 영혼이 없다면 육신은 그냥 물체일 뿐이다. 우리 민법에서도 죽은 사람의 사체는 물건으로 본다. 숨 쉬지 않고 생각과 의지가 없는 육신 그 자체를 더는 산 사람이라고 말하지 않는다. 검증되지 않은 사실이지만 오래전에 영국의 심령과학자들은 영혼의 무게가 21g이라고 발표한 것을 읽은 적이 있다. 사람이 영과 육의 결합체라 하지만 영의 실체를 따로 떼어 규명하려는 것은 신의 세계를 넘보는 부질없는 인간의 노력이리라.

어쨌든 사람에게서 생명이 없어 호흡이 멎으면 죽은 것이며 동시에 육신과 더불어 결합되었던 영혼은 육신을 떠난다. 우리는 이것을 죽음이라고 말한다. 그러나 정확하게 말하면 사람에게 육신의 죽음은 반쪽 죽음이다. 완전한 죽음은 영혼의 죽음까지 있어야 하지 않겠는가? 육신과 분리되어 어디론가 가버린 그 영혼의 최후는 어떻게 되는지 궁금할 수밖에 없다. 영혼의 실체를 규명해야 할 이유다. 이를 위하여 동서고금의 많은 학자들이 연구하고 고찰하였으나 한계에 부딪히고 말았다. 인간의 영역이 아닌 신의 영역이고 다른 차원에서 규명하여야 할 문제로 남았다. 물질문명과 첨단과학이 고도로 발달된 현대라고는 하지만 아직도 풀지 못하는 일들이 참으로 많다. 규명하지 못하는 여러 가지 현상도 있고 원인을 알지 못하는 병명도 있고 치유할 수 없는 질병도 많은 게 현실이다.

영혼의 문제 역시 과학과 이치와 이론으로는 납득되지 않고 해결될 수 없는 과제다. 인간으로서는 영혼을 추적하고 관찰할 수 없기 때문이다. 영혼의 문제는 오직 영혼만이 해결할 수 있으리라.

인간세계에는 으레 어떤 형태든 종교가 존재해왔다. 종교는 이승과 저승의 삶이 등장하고 현세와 내세가 존재한다. 이승과 저승, 현세와 내세는 사람이 육신의 삶으로 끝나는 것이 아니라는 전제와 믿음이 따른다. 죽음 다음에는 영혼의 삶이 이어진다고 믿는 것이다. 아무도 모르는 일이지만 대부분 믿고 청종하며 산다. 여기에 종교가 존재하고 신앙이 있다.

특히 기독교에서는 사람이 죽으면 천국 아니면 지옥으로 간다고 믿고 있다. 예수를 믿는 자나 믿지 않는 자도 일단은 하나님의 심판이 있다고 믿는다. 불교에서 말하는 환생도 영혼이 다시 태어난다는 것이리라. 히브리서 9장 27절에도 사람이 죽으면 그것으로 끝나는 것이 아니고 심판이 있다고 했다. 이때 심판은 영혼에 대한 심판이다. 이른바 육신을 떠난 영혼의 향방을 결정짓는 하나님의 최종 판결이다.

《성경》 요한계시록 21장 8절에 "두려워하는 자들과 믿지 아니하는 자들과 가증스런 자들과 살인자들과 음행하는 자들과 마술하는 자들과 우상 숭배하는 자들과 모든 거짓말하는 자들은 불과 유황이 타는 못에 참여하리니 이것이 둘째 사망이라."라고 기록되어 있다. 영혼에 대한 천국과 지옥행을 결정하는 심판이다. 하나님은 이것을 육신의 사망 다음으로 두 번째 사망이라고 규정했으며 비로소 한 사람의 영육이 다 죽은 것이다. 결국 사람은 두 번 죽는 것이다.

〈2014.8.18.〉

제2부

다시 솔잎을 먹으며

아버지의 생애

다섯 살에 어머니 잃고 열한 살에 아버지를 여의셨으니 그때부터 바로 고아가 된 셈이다. 우리 아버지가 그랬다. 의지할 사람은 오직 아버지의 늙은 외할머니 한 분뿐이었으니 세상이 온통 새까맣고 돈짝만 하게 보였을 것이다. 앞으로 어떻게 살아갈 것인가조차 생각할 나이도 못된 채로 그냥 세상에 던져진 것이나 다름없는 게 아버지의 처지였다. 아직은 사랑받고 보호받아야 할 나이에 밑으로 여동생까지 딸린 가장이 되었으니 살아가야 할 일이 얼마나 심란했겠는가.

그로부터 온갖 설움과 고난을 안고 이리저리 떠 넘겨진 여덟 해가 지나 동네 어른의 소개로 장가들어 살림을 차린 나이가 열아홉이었다고 했다. 그 시절이나 되었으니 망정이지 요즘 같으면 장가가 뭔가? 어림도 없지. 비빌 만한 전답이 있는가? 돈이 있는가? 배움이 있는가? 있는 건 오직 몸밖에 없지 않았던가.

아버지는 배움의 기회를 갖지 못했다. 농촌에 살면서 어려서부터 눈만 뜨면 밤늦게까지 꾸역꾸역 일만 하면서 사셨다. 궂은 일, 힘 드는 일 가릴 새도 없이 닥치는 대로 날품팔이가 일과였다. 먹을 것이 귀한 시절에 먹느냐 굶느냐가 날마다 관건이고 관심이었다. 그런 판국에 언제 기역(ㄱ)자 니은자(ㄴ)를 굽어다볼 수가 있겠는가. 그래도 용하게도 아버지는 주경야독으로 한글은 해독하셨고 나한테 두어 번 편지까지 쓰시기도 했다.

아버지로서는 미래에 대한 설계가 무슨 말인지도 모르고 사치스러운 타령이었다. 부모마저 조실했으니 물려받고 내려 받은 것은 또 무엇이 있겠는가? 아버지는 집안 대대로 내려오는 전통이고 가통이나 가풍을 아예 알지 못한다. 그럴 경황도 없었고 그걸 알고 챙길 수 있는 나이도 아닌 어린 나이에 혼자가 되었다.

그런 아버지를 동네 어른들은 '조백이 있는 사람' 이라고들 하셨다. 또, '저 사람은 법 없이도 살 수 있고 울타리 없이도 살 사람' 이라고도 하셨다. 여러 가지로 아버지의 됨됨이를 보고 하시는 말씀이었을 게다.

내가 어느 정도 성장하여 철들어 가고 있을 때 아버지는 늘 '착하고 바르게 살라' 고 말씀하시곤 했다. 옳지 않고 비정상적인 길은 생각지도 않으셨다. 곁가지 길은 내다보지도 않고 어쩌면 우직하게 곧이곧대로 한 길을 걸으셨다. 하찮은 일이라도 정도가 아닌 방법으로는 해결하려 하지 않으셨다. 누가 보든 말든 그렇게 착실히 사셨지 건너뛰고 낚아채는 비겁함을 보이지 않으셨다.

어린 내가 봐도 팍팍하고 막막한 삶이었지만 항상 웃음 띤 얼굴이 인상적이었다. 하루 종일 고된 막노동으로 몹시 피곤하실 테지만 텁텁한 막걸리 한 잔에 비시시 웃음을 잃지 않으셨다. 나는 지금도 그런 아버지의 만면의 웃음을 비양도 못 낸다. 앞뒤 돌아보고 처한 환경을 보면 어디서 웃음이 나올 구석이 없었지만 아버지는 늘 그랬다.

1986년 11월의 끝자락인 25일 날, 그날 나는 오전 내내 하는 일이 그렇게도 풀리지 않을 수가 없었다. 늘상 하던 일이고 잘 아는 일이었음에도 실타래처럼 엉키기만 했다. 점심시간이 될 무렵이었다. 아버지가 큰 사고를 당하여 생사를 모른다는 전갈을 받았다. 소식을 듣는 순간 앞이 안 보였다. 잘못 들었기를 바랐다. 주변의 도움으로 차를 타고 달려온 40여 분간 나는 제정신이 아니었다. 사고현장에 도착한 나는 파리하게 질려서 졸도 직전이었다. 거대한 암석이 무너져 내렸고 벌써 현장을 수습하는 사람들로 꽉 차 있었다. 나는 속수무책으로 지켜볼 수밖에 없는 무능한 아들이어야 했다. 나는 그냥 간절한 기도와 염원으로만 아버지의 무사를 바라는 불효한 자식이어야 했다. 사고가 발생한 지 아마 열한 시간도 더 지나서 아버지를 볼 수 있었다. 그러나 아버지는 이미 돌무덤에 자신을 내어 주신 뒤였다. 그 순간 세상이 다 필요 없고 끝나는 것 같았다. 청천벽력이 따로 없었다. 울분이 한꺼번에 밀려왔다.

나한테는 이런 일이 없을 줄 알았는데 하나님은 예외를 인정하지 않았다. 애통하고 통곡해도 소용없는 일이었다. 어쩔 수 없이 나는 이승에서 잡았던 아버지와의 삶의 끈을 놓아야 했다.

아버지는 평생 세상이 무서울 정도로 외로우셨을 것이다. 누구

하나 거들떠보는 이 없이 세상에 아무렇게나 팽개치다시피 하신 아버지였다. 찌든 가난 속에서 제비 새끼처럼 한꺼번에 벌리고 있는 일곱 자식의 입을 틀어막기에 뒤볼 새 없으셨던 우리 아버지였다. 맑은 날 하루라도 놀면 큰 일 나는 줄만 알았고, 힘들고 지쳐 있으면서도 용기와 희망을 잃지 않으셨던 내 아버지였다. 가진 것 없이 살았지만 남을 속이고 거짓말 할 줄 모르고 착하게만 사셨던 아버지였다. 가도 가도 끝이 안 보이고 희망이란 기대도 갖지 못할 형편에 너무도 팍팍하게 세상을 사신 아버지였다. 주어진 운명 앞에 어쩔 수 없이 순응해야만 했던 아버지였다. 아버지도 좋은 부모 만나 잘 사는 또래도 있었고 호의호식하는 사람도 보았을 것이다. 왜 아버진들 그것이 부럽지 않았겠는가. 이런저런 생각을 하면 너무 애잔해서 못 견디겠다.

지난 날 아버지와 내가 나란히 걸으며 장에 갔던 생각도 나고 보리타작하던 생각도 났다. 일찍 일을 나가기 위하여 통 트기 전에 모래알같이 까칠한 새벽밥을 억지로 드시던 모습도 떠올랐다. 다 떨어져 덕지덕지 꿰맨 당꼬 바지에 남루한 옷차림을 하고 돌과 씨름하던 모습도 아련하다. 아버지가 그렇게 불쌍할 수가 없었다. 평생을 그렇게 살 거라면 왜 태어나게 했는지 하나님이 야속하기 그지없었다.

아버지가 돌아가신 뒤 나는 조용히 아버지의 삶을 재조명해봤다. 아버지는 평생을 착하고 바르게 사셨고, 처한 환경에 순응하며 긍정적으로 사셨다. 어려운 가운데도 웃음을 잃지 않으셨고, 힘들었지만 희망과 용기를 가지고 사셨다. 세상 끝 날이 올 때까지 하루도 방심하지 않고 가야 할 길을 올곧게 걸어가셨다.

나는 아버지의 삶의 흔적에서 뒤늦게 그게 바로 유훈이자 가훈임을 깨달았다. 비록 정리되고 모양새를 갖추지는 않았지만 아버지가 가신 뒤에야 발견한 소중한 유지였다. 거창하고 근엄하게 형식을 갖춰야만 가훈이고 유훈일 수는 없다. 미사여구로 격식은 못 갖췄지만 삶의 방식과 몸에 배인 신조와 행동이 바로 아버지의 철학이었고 가훈이었음을 알았다.

아버지의 생애를 통해서 내가 어떻게 살아야 하는가를 깨달았다.

아버지의 실천적 삶의 흔적이 바로 우리 집의 유훈이자 가훈이라 생각했다. 더하여 자신을 이겨야 세상을 이기며 살 수 있고, 매사에 긍정적, 적극적, 합리적으로 살며 범사에 감사하는 삶을 살자고 다짐했다. 아버지로부터 보고, 듣고 느낀 바다. 세상 살면서 아버지의 생애를 생각할 때마다 가슴이 미어져 내린다. 아버지가 그리울 때면 미쳐버릴 것 같다. 연민의 정이 너무 아쉽다.

〈2014.8.27.〉

동락 스낵 소고

이른 새벽, 잠에서 깨어 지그시 눈 감고 뒤척이다가 내 인생의 전환기를 가져다준 지난 시절 이벤트 같은 대목에 생각이 꽂혔다. '동락스낵'에서의 삶이다. 우리 부부에게 동락 스낵에서의 삶은 애환이 서린 흔적으로 남아 있다.

동락 스낵은 우리 부부가 분식장사를 하던 가게의 상호다. 딸린 단칸방까지 합하여 네댓 평 정도나 될 것이다. 조그만 탁자 몇 개를 놓고 칼국수, 어묵, 핫도그 등을 만들어 파는 구멍가게였다. 그곳에서 장사를 시작한 우리는 결혼 6년 차 되는 해였다. 당시 우리에겐 돌이 갓 지난 막내딸 말고도 위로 제 언니가 둘이 있었다.

그 무렵, 우리는 처음으로 방 두 개짜리 사글세 집으로 이사한 지 일 년 남짓 되었었다. 나는 직장 모 상사에게 지인의 돈을 가져다 빌려주었는데, 대신 갚아 주어야 하는 상황이 벌어졌었다. 나는 하는 수 없이 예치했던 집세를 뺄 수밖에 없었다. 어렵게 마련한 집

세를 날려버린 우리는 당장 갈 곳이 없었다. 이즈음에 아내가 백방으로 뛰어다니며 구한 가게가 바로 '동락 스낵' 이다. 우리는 집주인에게 애걸복걸하여 보증금도 없이 집세를 매월 벌어서 주는 조건으로 가까스로 이사할 수 있는 행운을 얻었었다.

물불 가릴 형편이 아닌 상황이라 무작정 장사를 시작했지만 모든 게 설었다. 뭣을 준비해야 하고 어떻게 분식 메뉴를 만들어야 할지 그저 벙벙하고 막막했다. 우리는 머리를 맞대고 나름대로 준비를 해서 마침내 신장개업(?)을 했다. 혹시나 손님이 오지 않으면 어떡하나 하는 염려가 타는 가슴을 조이게 했다.

나는 공무원 신분이어서 장사는 대부분이 아내의 몫이었다. 내가 할 수 있는 건 퇴근 후에만 가능할 수밖에 없었다. 장사하는 내내 단 하루도 퇴근 후에 막 바로 방에 앉아 본 기억이 없다. 집에 오면 선 채로 청바지와 티셔츠로 갈아입고 가게 일을 했다.

아내의 역할이 시작도 없고 끝도 없었다. 아이들 양육과 살림살이만도 날마다 힘이 부쳐 지내는데 혼자서 장사를 한다는 게 고생이 여간 아니었다. 보채고 칭얼대는 어린것을 등에 업은 채로 배달하랴, 식사 시간에 한꺼번에 몰려오는 손님을 맞으랴 초능력의 힘을 발휘해야 했다. 아내는 그때 정말 죽기 살기로 모든 힘을 다 쏟았다. 언제나 밤 열 시가 훌쩍 넘어서 가게 문을 닫았다. 장사를 마친 후부터 우리는 보통사람들의 일상이 시작된다. 밀린 빨래는 물론이고 청소, 애들 살피기 등을 마무리하고 다음 날 장사할 준비를 한다. 그러다 보면 시간은 어느덧 자정을 넘어 새벽이 되기 일쑤였다.

어느 날엔가 우리는 생에 잊히지 않는 일을 당했다. 그날도 장사가 끝나고 애들을 목욕시키고 있었다. 연탄불에 물을 끓여 씻기던 시절이었다. 막내딸을 씻기려다 실수로 딸의 아랫도리를 끓는 물에 빠뜨렸다. 순간 우리는 넋이 나갔었다. 눈앞이 캄캄했다. 아파서 큰 소리로 울어대는 어린 딸을 안고 정신없이 대학병원 응급실로 달렸다. 의사의 처치가 이루어지고 있는 동안 우리는 어찌해야 좋을지 발만 동동 구르고 있었다. 혹시 잘못되는 것이나 아닌지 방정맞은 생각이 뇌리를 반복해서 스쳐 갔다. 북받치는 슬픔으로 눈물이 흐르고 갑자기 내 처지가 비참해졌다. 이 땅에 머리 맞대고 상의할 사람 하나 없는 내가 한없이 외롭고 쓸쓸했다. 너무 아파 소리 지르며 울고 있는 딸의 발목을 붙잡고 안절부절 안쓰러워했던 그때의 일을 생각하면 지금도 저절로 눈물이 난다.

장사라는 게 뭔지 실감이 났다. 코 묻고 때 묻은 돈이 좀도리 쌀처럼 모이면 우리는 잠자리에 들기 전 일일 결산을 했다. 구겨진 천 원짜리 지폐와 동전을 긁어모아 셈하면 이만 원 남짓일 때가 많았다. 재료비 빼고 나면 몸값 땀 값이 전부였지만, 그래도 그날의 소득으로 알뜰하고 소중했다. 하루 가고 이틀이 지나면서 그렇게 모인 돈이 적금 낼 밑천으로 채워지곤 했다.

아내는 그때 '그날 벌지 않으면 그날은 먹지 않겠다.' 는 각오로 살았다. 정말 비장한 의지를 보였다. 대물려진 가난을 어떻게든 극복하려고 이를 악물며 몸부림을 쳤다. 하루의 먹거리와 생활비를 당일 버는 것으로 충당하자는 게 아내의 주장이고 각오였다. 주·부식 모두 매일 번 돈 범위 내에서 충당했었다. 아내는 밤낮없이 칠백 원짜리 플라스틱 슬리퍼 하나로 살았다. 슬리퍼 바닥이 다 닳아 못 쓰게 될 때까지 신고 지냈다.

언젠가 핫도그 굽는 틀이 망가져 새로 사야 할 형편이었는데, 당시 삼천 원이면 살 수 있었는데도 나는 그 돈을 덜컥 쓰지 못했다. 고칠 재료를 구하려고 전주 시내 고물상과 쓰레기장을 다 뒤져 괘종시계의 태엽을 구하여 용접으로 보수한 일은 잊지 못할 기억이다.

지금에 와서 생각해보면 어떻게 그렇게 살았는지 용하기 그지없다. 어린 세 딸의 양육 대책도 없이 하루 벌어 하루 먹고 사는 하루살이 인생이었다. 도대체 미래가 보이지 않았다. 그 와중에도 나는 방송통신대학도 모자라 대학원까지 등록하며 치열하게 공부했었다. 내 생애에서 가장 중요했던 시기였다. 한꺼번에 몇 가지 역할을 하며 살았다. 모든 것을 소홀히 할 수 없었던 인생의 황금 시간이었다. 그 무렵 나는 비록 가진 것은 없었지만 젊음과 패기만은 왕성했었다.

고진감래라 했던가! 그 당시는 앞이 보이지 않아 내 인생 나중이 암울하기만 했는데, 우리는 잘 버티고 견딘 덕분에 여러 분야에서 긍정적 결과를 일궈냈다. 사십 년 공직생활도 영예롭게 마쳤고 세 딸도 모두 결혼해서 잘살고 있으니 더는 바랄 게 무엇이겠는가. 우리를 여기까지 인도하신 하나님과 주위 사람들께 감사할 따름이다. 우리는 모든 일에 굴하지 않고 꾸준하게 열정을 가지고 바르게만 살면 영광의 나중이 찾아온다는 교훈을 삶에서 찾았다.

많은 세월이 지나고 이순을 훌쩍 넘긴 나이가 되었다. 오늘 아침

식사를 하다가 주름진 아내의 얼굴을 바라보면서 동락 스낵 시절이 떠올라 눈시울이 붉어졌다. 순간 나는 만감이 교차하면서 자르르 눈물이 흘러내리고 있었다.

(2014.11.22.)

강의를 마치면서

"오늘 강의를 끝으로 나는 교단에서 떠납니다."

2학기 마지막 수업을 마치면서 그동안 교과목을 맡아서 강의해 오던 학생들을 향하여 한 말이다. 별다른 생각 없이 한 말인데 순간 목이 메었다. 여러 가지 생각이 왈칵 밀려왔기 때문이다. 많은 생각 중에서도 대학생을 상대로 하는 학교 수업은 내 인생에서 이게 끝이구나 하는 생각이 순간 설움처럼 쓸쓸하게 다가왔다. 나이가 차서 그만두는 것이라서 더욱 그랬을 것 같다. 하마터면 울먹일 뻔 했다.

2013년 12월 종강과 함께 대학에서의 강의는 끝났다. 앞으로 혹시 있을지도 모르는 초청 특강 말고는 교과목을 맡아서 하는 정규 수업의 강의는 없을 것이다. 회한도 있지만 흐뭇함도 있다. 아쉬움은 남지만 언젠가는 그만 둬야 할 일이라서 미련은 없다.

내가 대학에서 수업을 맡아 강의를 시작한 것은 2000년도부터

다. 어쭙잖게 감히 학위를 넘보며 박사과정 대학원에 진학하면서였다. 서기관으로 승진하면서 곧바로 그동안 마음먹었던 대학원에 입학하였고 대학원 2년차 되던 해부터 학부 학생을 상대로 강의를 시작했다. 낮에는 근무해야 하는 관계로 야간학부 학생의 수업을 맡았다. 당시만 해도 원광대학교에는 야간학부 학생이 많았다. 따라서 수강인원도 해마다 평균 40명 내외가 되었다. 난생처음 대학강단에서 강의를 하게 된 나는 많은 날들을 수업 준비에 몰두했었다. 공무원을 상대로 한 직무 강의는 해본 경험이 있지만 대학생을 상대로 한 강의는 처음이라서 몹시 긴장되고 염려되었었다. 더욱이 수강생 중에는 사회에서 전문분야에 종사하는 기성인이 대부분이어서 여간 신경이 쓰이질 않았었다. 일반적인 교수기법을 익히기 위하여 관련 서적도 구입하여 읽었고 지도교수에게 자문도 받았다. 또한, 담당 교과목의 교재연구를 위하여 관련 서적도 여러 권 탐구했다. 그뿐만 아니라 교과와 관련된 학회의 논문과 저널을 훑어보는 등 나름대로 최선을 다하여 수업을 준비했었다.

그렇게 강의를 시작한지가 정말 엊그제 같은데 벌써 강단을 내려와야 할 나이가 된 것이다.

2003년까지 4년 동안 강의를 마치고 벅찬 직무와 직무의 성격상 야간 근무가 잦은 관계로 휴강해오다 공직에서 퇴임한 이듬해부터 5년 동안 겸임교수로 다시 강의를 해왔다. 한때는 다른 대학에도 출강했고 여기저기 가끔 특강도 했지만 원광대학교에서 제일 오랫동안 강의를 해서인지 익숙해졌고 정이 들었다. 그럴 수밖에 없는 것이 나는 이 학교에서 박사학위를 받았다. 학위과정을 이수하는 동안 애환도 많았다. 학위과정을 포함하면 10년 넘게 이 학교를 드나들었다. 결코 짧지 않은 기간이다. 십 년이면 강산도 변한다고 했는데 그동안 학교도 나도 많이 달라졌다.

지금까지 나에게 강의를 받은 학생만도 줄잡아 천 명 가까이는 될 듯하다. 어떤 때는 잘 기억되지 않는 수강생으로부터 후한 대접도 받기도 했고, 길을 가다가 불쑥 다가와 인사하며 수강생이라고 밝히는 사람도 있었다. 어색하고 쑥스럽기도 했고 때로는 민망한 적도 있었지만 그 나름대로 나에게는 큰 기쁨이요 보람이었다. 언젠가는 내가 가르친 방향과 요령대로 자기 소개서를 써내어 입사시험에 합격했다고 좋아하면서 감사 전화를 하기도 했으며, 내가 강조한대로 지원서를 작성해서 해외연수 기회를 얻었다는 기쁜 소식도 전해 왔었다. 또, 수업시간에 들려준 훈육의 말씀 때문에 직장에서 힘들 때마다 큰 위로를 받는다는 학생도 있었다. 내가 아니면 안 된다고 기어이 생떼를 써서 젊은 날에 수강생의 결혼 주례를 맡은 일도 있었다.

강의를 담당하면서는 늘 막중한 책임과 사명감으로 임했다. 많은 수강생들에게는 두 번 다시 들을 수 없는 신청 교과의 강좌이기 때문에 항상 그들로서는 처음이자 마지막인 강의를 듣는 셈이다. 따라서 내가 하는 강의 내용이 최상이고 최적이어야 한다는 중압감으로 꽉 차있었다. 내가 아니었더라면 훨씬 더 실력 있고 유능한 교수가 이 강의를 맡아서 보다 질 좋고 수준 높은 내용을 전수할 수도 있기 때문이다. 따라서 항상 강의를 마치면 다음 강의시간에는 무슨 내용을 첨삭할 것인가를 고민하고 신기술과 신공법, 새로운 사례는 없는 것인지를 살피곤 했다.

한편으로 나는 교과 외에 내가 살아온 인생여정과 사람이 살아가야 할 올바른 방향에 대하여 많은 애기도 했었다. 사람으로서 지켜야 할 도리와 윤리도 무한히 강조했고 좌절과 실망을 딛고 꿋꿋이 일어나 도전하고 또 도전하라고 도전정신을 주문하기도 했었다. 젊은 시절에 실패를 두려워하면 꿈을 이룰 수 없다고 많이도 강조했다. 젊음은 소중하고 크나큰 재산이므로 파괴력 있는 힘을 미래를 개척하고 기반을 다지는 데에 다 쓰라고 말해왔다. 세상은 결코 만만치 않으니 대학시절에 온 힘을 다 쏟아서 다가올 인생의 미래를 다 준비하라고 기회 있을 때마다 말해 주었다. 이것이 수십 년을 먼저 산 인생 대선배로서의 당연한 일이라고 믿었기 때문이다. 끓는 피와 치솟는 용기를 낭비하여 아까운 젊은 날을 허송하지 말라고 다독였다. 100세까지 사는 장수시대의 대비를 대학 재학 때 다하라고 경 읽듯이 몇 번이고 되풀이했다.

빈농의 맏이로 태어나 초등학교를 졸업하고 중학 이후부터는 휴학과 진학을 반복하며 고등학교를 마쳤다. 공직생활을 하면서 주경야독으로 대학과 대학원을 졸업하였고, 수년간 대학 강단에서 강의를 했다. 자부심보다는 어색하고 격이 맞지 않는 것 같은 느낌이다.

부단히 열정 하나만으로 앞만 보고 달려온 삶이었다. 내가 대학에서 후학을 가르치리라고는 나도 미처 몰랐다.

강의를 마치면서 여러모로 부족한 내가 많은 수강생들에게 누가 되지나 않았는지 적이 두려움이 남는다. 대놓고 말은 안 했지만 혹시 형편없는 강사였다고 손가락질이나 안 했는지 염려만 남는다.

그러나 곰이 가진 재주는 남김없이 다 부렸다.

내가 지닌 열정과 역량을 다 쏟았다.

하지만, 어딘가 석연치 않고 뭔가가 빠진 것 같이 마음이 허전한 것은 아직도 어설픈 열정이 남아서일는지?

〈2013.12.22.〉

겁 없는 도전

서울의 워커힐 호텔. 아마 네댓 평 정도의 방일 거다. 학술발표용 세션으로 쓰이는 호텔 방의 크기가 대략 그 정도였다. 국제학술 세미나를 위하여 마련된 방이다. 발표에 직간접적으로 관심 있어 참여한 여러 나라 학자들이 얼핏 보아 40명 내외는 될 것 같았다. 주로 대학교수들이다. 조명을 위하여 켜놓은 전등불이 꺼지고 실내가 발표 체제로 어둡게 바뀌었다. 어느 나라 무슨 대학의 교수였는지 기억이 없다. 아무튼, 좌장인 그 교수의 사회로 예정된 순서대로 발표가 시작되었다. 얼핏 보아도 발표자로 나선 사람들은 대개 40대 전후인 듯싶다. 발표를 들어보니 모두가 하나같이 모국어가 영어나 되는 것처럼 유창하고 자연스럽다. 마침내 내 차례가 되었다.

매사가 그렇듯 평소에 많은 연습을 하여 일상화된 일은 자연스럽고 두려움이 없기 마련이다. 그러나 단 한 번도 해본 경험도 없고 더군다나 대학에서 연구를 전문으로 하지도 않은 내가 많은 국제적인 석학들 앞에서 연구 결과를 발표한다는 일은 여간 간 큰 사람이 아니면 쉽지 않은 일이었다. 나는 마치 사생결단을 해야 하는 싸움판에라도 나가듯이 비장한 마음으로 어두컴컴한 발표대에 섰다. 노트북 컴퓨터를 켜고 프레젠테이션으로 준비한 발표 문안을 레이저 포인트로 짚어가며 읽어나갔다. 비교적 또렷또렷 차분하게 읽어갔다. 그러면서도 마음 한구석에는 어슴푸레한 발표장에서 숨을 죽인 듯 조용히 경청하고 있는 사람들이 마음에 짚였다.

나한테 주어진 시간은 좌중의 질문을 포함해서 20분이었다. 다소 긴장되고 떨림도 있었지만, 발표를 계속했다. 속으로는 좌중에 있는 사람들이 내가 하는 말을 알아듣고 있는 건지 아니면 예의상 자리를 지키고 조용히 앉아만 있는 건지 염려가 짓눌렀다. 방안에는 한국 사람은 있어도 한국말을 하는 사람은 한 사람도 없었다. 공식적인 발표나 질문은 모두 영어로만 말해야 하기 때문이다. 내가 말하고 있는 영어가 발음과 억양은 괜찮은 건지 그래서 잘 전달은 되고 있는 건지 내심 궁금하고 걱정이 되었다. 그렇지만 어쩔 수 없는 노릇이었다.

내가 태어나서 50대 중반이 될 때까지 이런 발표는 처음이었다. 솔직히 모험이고 어쩌면 무모한 도전이었는지 모른다. 애초부터 나는 발표할 원고의 분량을 20분이 꽉 차도록 준비했었다. 왜냐면 좌중에 있는 세계적인 석학들의 질문을 피하기 위한 고의였다. 야비하고 얄팍한 심사였다. 학술발표자로서 자격 미달이고 무책임한 처사다. 그러나 나로서는 어쩔 수 없었다. 그 이유는 뭣보다도 질문을 알아들을 수 없을 것 같아서였다. 영어의 듣기가 자신이 없었다. 무엇을 질문하는지를 알아야 서툴게나마 답할 수 있을 것이 아닌가. 그런데 그게 도대체 자신이 없으니 어디 될 법이나 한 일이겠는가. 이윽고 발표를 마쳤다. 어떻게 해서 끝냈는지 몽롱하고 아련할 뿐이었다.

좌장의 눈치를 살피니까 내게 주어진 시간이 다 되어서 질문을 받기에 다소 난감하다는 표정이었다. 순간 내 작전(?)이 맞아떨어졌구나 하고 있는데 시계를 흘낏 보더니만 그래도 짧게 질문을 받겠다고 했다. 가슴이 철렁했다. 순간, 이 일을 어떻게 수습해야 할지 막막하고 앞이 안 보였다. 질문에 답이 되든 말든 내가 이해하는 부분만 답해야겠다고 생각하며 숨을 길게 쉬며 정신을 차렸다. 대여섯 사람이 질문하겠다고 손을 들었다. 그중에는 지도교수와 지인도 있었다. 운명의 순간 같았다. 좌장의 지목이 맞았는지 모르나 지인이 벌떡 일어나 질문을 했다. 마치 피고가 법정에서 판결을 기다리는 심정이 그러할까 숨죽이며 질문자의 지목을 지켜본 나는 안도의 숨을 내쉬었다. 그가 지목될 경우 어떤 내용을 질문할 것인지를 이미 나는 알고 있었기 때문이다. 나는 여유 있으면서도 다소 장황하게 답을 말했다. 또 다른 질문을 할 수 없도록 시간 끌기 작전이었다. 좌장과 좌중의 사람들은 너무 시간이 지났다고 판단했는지 아니면 가치를 인정하지 않았는지 더는 질문공세를 펴지 않았다. 그렇게 나의 역사적(?)인 전무후무한 국제학술대회에서 한 발표가 끝났다. 엄청나고 거창한 큰일을 해낸 것처럼 스스로 대견하면서도 후련했다. 짓눌리고 무거웠던 머리가 가벼워지고 가슴이 확 트여왔다.

용기 있는 자가 도전하고 도전하는 자만이 해낼 수 있다는 말이 실감이 나는 중요한 경험이었다. 학술대회 기간에 지도교수의 소개로 만난 카이스트의 모 교수는 현직 공무원이 국제학술지에 논문을 기고하고 발표하는 경우는 처음 봤다고 했다. 그것도 지방공무원이 어떻게 감히 그런 생각을 하고 결심했는지 놀라울 뿐이라고 했다. 나한테 듣기 좋으라고 말했을 것이다. 하지만 무식하면 겁이 없는 게 사실이다. 나는 그 후로도 원광대학교와 중국 해난대학교의 교류 행사에서 같은 발표를 했고 인도네시아 발리, 일본의 교토, 호주의 멜버른 등지에서 개최된 다른 학술행사에 독자 혹은 공동연구로 논문을 기고한 바가 있다.

나는 이 발표를 위하여 두어 달 전부터 준비하고 연습했다. 지도교수의 제안을 받고 먼저 기고할 논문을 영역하는 일이 큰 문제로 부상했으나 지인의 도움으로 한 달여 만에 초고 번역을 마쳤다. 그러나 전문 용어가 많은 내용이라서 수정하는 데에 상당히 애를 먹었다. 번역된 전문을 발표용으로 요약하고 요약한 내용을 발표 프레임에 맞게 정리했다.

틈 날 때마다 수십 번을 읽었다. 그리고 녹음해서 들어 보고 또 읽고 녹음하기를 반복했다. 발표 문안 내용을 거의 외울 정도로 연습했다. 그러나 영어로 말한다는 게 어디 일조일석에 될 법이나 한 일이던가.

20대 초반에 우리나라에 평화봉사단원으로 왔던 미국인 친구를 만나 몇 년 동안을 함께 지근거리에서 친하게 지내면서 익혔던 회화와 학교 때 내내 영어에 취미를 갖고 공부했던 게 내 영어 실력의 전부다. 그런 내가 많은 전문가들 앞에서 영어로 발표한다는 것 자체가 처음부터 무리였음은 말해 뭣하겠는가. 지금도 영어를 전공한 큰딸에게 가끔 핀잔 듣기가 일쑤다. 자위 차원으로 생각하면 그게 맞는 일이다. 잘못하고 서투른 게 맞는 것이 아니겠는가. 한국 사람인 내가 그것도 비전공인 영어를 말하는 게 틀리고 어색한 것이 오히려 지극히 당연하고 정상일 거다. 영어로 말할 때 틀리면 어쩌나 하고 생각하면 한마디도 못한다. 영어를 모국어로 하는 국민도 엉터리로 말하는 경우가 많다. 그런 배짱으로 발표에 나섰다. 발음과 억양이 좋았을 리가 없다. 하지만 잘 전달하기 위해서 또렷하게 읽고 말하려고 최선을 다했다. 그 결과 내용을 파악해서인지 아니면 무슨 뜻인지를 몰라서인지 몇 사람의 질문자가 있었다는 데에 나는 의미를 부여하고 싶었다.

한국방송통신대학교 행정학과를 졸업한 나는 공학으로 전공을 바꾸기 위하여 몇몇 과목을 별도로 추가 이수하였고 공직생활을 하면서 공학 석 · 박사의 학위를 받았다. 하지만 대학에서 전문적으로 연구에 몰두하며 학문을 연구하지 않은 게 사실이다. 그런 내가 국제학술지에 연구논문을 제출 발표한다는 것은 어찌 보면 처음부터 언감생심이었다. 어쩌면 신성한 학문의 전문영역에 대한 모독인지도 모르겠다. 그러나 나는 서툴고 어색하지만 해냈다. 내 생애에 잊을 수 없는 귀한 도전이었다.

〈2014.12.12.〉

둘이서 두 발로만 걸었네

부부는 가장 호흡이 잘 맞는 하나 같은 사람들이어야 한다. 그런데 서로 다른 환경에서 다른 인격을 형성한 후에 만나게 되는 것이 부부의 만남이다. 억겁의 인연이 있어야 부부가 된다고도 한다. 부부의 연을 맺으려면 신중을 기해야 한다. 오죽하면 '싸움터에 나갈 땐 한 번, 바다에 나갈 땐 두 번, 결혼할 때는 세 번 기도하라.' 고 했을까. 흔히 부부를 일심동체一心同體라 하지만, 사실은 이심이체異心異體다.

부부가 사랑으로 시작한다지만 대부분은 사랑만큼 중요한 서로의 '차이' 를 인정하는 것을 간과한다. 서로의 차이를 소홀히 한 탓에 부부생활의 어려움이 시작된다. 어떤 사람은 결혼은 분명 반쪽을 얻는 대신 자신의 반쪽을 버리는 것이라고 했다. 그만큼 서로 차이가 있다는 말이리라. 자기의 반쪽을 양보하며 포기하고 상대의 반쪽을 인정하고 받아들여야 한다.

결혼에 대한 막연한 환상을 버려야 한다. 결혼만 하면 마술처럼 없던 행복이 갑자기 생겨나는 것이 아니다. 마련된 행복으로 들어가는 것이 결혼이 아니다. 행복은 부부의 연을 맺은 뒤부터 부부가 함께 노력해서 만들어 나가야 한다. 행복은 쉽게 우리에게 다가오지 않는다. 참고, 이해하고, 버리고, 포기하고, 인정하고, 양보하고, 받아들이는 노력을 반복할 때 비로소 우리에게 다가온다. 그만큼 행복 만들기란 쉬운 일이 아니다.

결혼이란 어떤 의미에서는 서로 상대의 밧줄에 묶이는 것이다. 자기의 소중한 자유가 상대 때문에 구속되어야 하고 상대를 위하여 포기하여야 한다.

우리 부부는 세월이 많이 흐른 후에야 서로의 차이를 깨닫고 인정하기 시작했다. 나 역시 처음 시작부터 가장 중시해야 할 자기 포기와 상대의 수용을 간과했던 것 같다. 나는 그대로이면서 상대가 내 생각과 뜻에 맞춰 따라오기만을 원했던 경우가 더 많았다. 내 생각과 행동이 다 옳고 정당하다고만 생각하고 상대의 입장에서서 생각하고 검토한 경우가 그리 많지 않았다. 상대의 동의나 양해 없이 그냥 내 마음대로 결정하고 행동한 적이 많았다. 그때마다 내 생각이 옳았고 내 행위가 모두 정당한 것 같았다. 하지만 시간이 지난 뒤에 생각해보면 내가 더 넓고 깊게 생각했어야 했고 조금 더 참았어야 했던 때가 많았다.

부부는 먼저 상대에게 나를 온전히 열어야 한다. 나를 다 까발리고 숨김없이 알려 상대 앞에 내려놓아야 한다. 공연한 자존심으로 상대를 힘들게 해서는 안 된다. 나는 꼼짝도 않으면서 상대에게만 달라지라고 하는 데서 갈등이 싹튼다.

돌이켜 보면, 우리 부부는 40년 넘게 살아오는 동안 너무나 크고 험난한 인생 파고를 숱하게도 만났었다. 나는 누구 하나 거들떠보는 이 없이 외롭고 보잘것없는 가난뱅이 머슴애였다. 그런 나에게 아내는 나와 부부의 인연을 맺어 주었다. 결혼 뒤, 살아보겠다고 발버둥 치는 나에게 아내는 바짝 달라붙어 신발 끈을 동여매고 따라 주었다. 고생 모르고 성장한 그녀가 나를 만나 고생이라고 생각할 겨를조차 없이 밀려오는 거친 파도를 허우적거리며 헤쳐 나왔다.

꽃처럼 아름답던 그녀가 젊은 시절에 값싼 플라스틱 신발 하나로 밑창이 닳도록 일을 했고 눈 뜨면 자정이 지나도록 앉아볼 겨를 없이 동분서주했었다.

나의 부족하고 잘못된 소양과 인격 때문에 아내를 너무 힘들게 한 때도 있었다. 더군다나 우리 집안은 유달리 파란만장했고 바람 잘 날이 없었다. 그러나 우리 부부는 그때마다 불도저처럼 힘을 합해 밀고 나갔다. 체면 같은 것은 우리 부부에게는 사치스러운 말이었다. 세파에 시달려 심신이 지치고 기진맥진할 때엔 우리는 상대를 보듬어 안고 자신의 두 발만으로도 인생길을 능히 걸을 수 있는 준비와 연습을 하며 살아왔다.

우리는 서로의 공통분모를 찾고 만들기 위하여 많은 대가를 치러야 했다.

부부는 같이 살다 보면 얼굴이 닮아지고 입맛까지도 같아진다고 한다. 부부는 눈빛과 표정만 보아도 서로 상대가 무슨 생각이나 감정을 가졌는지 알 수 있으리만큼 지피지기의 달인이 된다고 한다. 그만큼 서로의 차이를 극복해가고 있다는 방증이다.

부부는 수레의 양 바퀴다. 어느 한쪽 바퀴만 고장이 나도 수레는 움직일 수가 없다. 또한, 부부는 두 개의 칼날이 맞붙어서 움직여야 썰어지는 가위와도 같다. 가위는 한쪽 날이 무디거나 부러진다면 더는 가위의 기능을 수행할 수 없다. 이처럼 부부는 불가분의 관계이고 상호 보완적인 관계이다.

부부는 상대의 실수를 한없이 덮어주고 감싸며 흡수하는 바다여야 한다. 바다는 상류의 혼탁한 강물을 모두 다 받아 안으면서도 불평도 불만도 없다. 오직 자기와 섞여 다 같이 정화되려고 말없이 몸부림만 칠 뿐이다.

부부는 오래된 골동품 같기도 하고 잘 숙성된 묵은 김치 같기도 하다. 시간이 흐를수록 몸값이 높아지는 골동품의 진가야말로 무값이다. 숙성되어 잘 익은 묵은 김치의 감칠맛은 정말 맛 중의 맛이고 일품이지 않던가.

부부는 서로의 안식처가 되어야 한다. 자기 편익만 생각하면 부부관계의 지속은 어렵다. 상대가 피곤하고 힘들 때마다 내 속에 묻혀 편히 쉴 수 있어야 한다.

부부는 사랑의 밑거름으로 튼튼히 뿌리 내려져야 한다. 어떤 상황에서도 둘만의 행복나무에 함께 물 주고 가꾸어야 한다. 부부가 이견으로 다투고 싸우는 것도 결국은 시간이 흐르고 보면 사랑하기 위한 훈련의 과정이다. 농익은 사랑의 향기는 그렇게 아프면서 영글어지고 깊어지는 것이다.

결혼 전에는 두 눈을 크게 뜨고 상대를 바라보았지만, 결혼 후에는 한쪽 눈은 감고 살아야 한다. 보고도 못 본 체하고 알면서도 모르는 척할 때 샘 깊은 사랑이 익어가는 것이다.

행복은 결코 거창한 것도 아니고 멀리 있는 것도 아니다. 부부는 상대가 힘없고 맥없어 의식이 없더라도 내 곁에 있음을 감사하며 얼싸안아야 한다. 우리 부부는 비록 각기 두 발이 있지만, 어렵고 힘들 땐 서로를 보듬고 둘이서 두 발로만 걸었다.

부부는 모름지기 상대의 걸음을 대신할 수 있어야 한다. 이것이 진정한 부부 사랑이고 행복이리라.

〈2013.5.21.〉

당신은 내 안에 나는 당신 안에

밤이 깊어가고 있다. TV에서 나오는 노래 내용이 구구절절 애처롭다. 소파에 누워 곤히 잠든 아내를 본다. 엷은 코골이를 자장가 삼아 잠든 지가 한참이나 된다. 어느새 두 눈이 흐려지고 나도 모르게 자르르 눈물이 흘러내린다.

곱고 희던 그 손으로 넥타이를 매어주던 때/ 어렴풋이 생각나오. 여보 그때를 기억하오./

막내아들 대학 시험 뜬 눈으로 지내던 밤들/ 어렴풋이 생각나오. 여보 그때를 기억하오./

세월은 그렇게 흘러 여기까지 왔는데/ 인생은 그렇게 흘러 황혼에 기우는데

큰 딸아이 결혼식 날 흘리던 눈물방울이/ 이제는 모두 말라 여보 그 눈물을 기억하오.

세월이 흘러감에 흰머리가 늘어가네/ 모두가 떠난다고 여보 내 손을 꼭 잡았소.

세월은 그렇게 흘러 여기까지 왔는데/ 인생은 그렇게 흘러 황혼에 기우는데

다시 못 올 그 먼 길을 어찌 혼자 가려 하오.

여기 날 홀로 두고 여보 왜 한마디 말이 없소

여보 안녕히 잘 가시게/ 여보 안녕히 잘 가시게/ 여보 안녕히 잘 가시게

〈어느 60대 노부부의 이야기〉란 노래의 가사 내용이다. '어느'가 아니라 '나' 이고 '대한민국 대부분의' 이다. 같은 시대를 살아온 대한민국의 60대 부부의 인생살이는 모두 엇비슷하다. 누군들 그렇게 살지 않았겠는가. 시대적 배경과 환경이 다르지 않았으니까.

매사가 미치狂지 않고는 미칠及수 없다. 인생살이도 마찬가지다. 모두가 저 나름대로 목표한 수준에 미치及려고 미친狂 듯이 열심히 살았다. 산다는 것이 두렵기까지 한 인생살이 아니던가. 어떤 환경이 펼쳐질 것인가? 무슨 일이 생겨날 것인가? 쉼 없이 다가오는 내일을 어떻게 감당해야 옳고 잘사는 것일까? 한없이 미궁으로 빠질 것 같은 미지의 세계를 그냥 맨몸으로 부딪치며 살지 않았던가. 그렇게 엉겁결에 여기까지 오지 않았는가. 그러다가 어느새 60대 노부부가 되지 않았는가.

세상은 변화무쌍하다. 비바람 불고, 눈보라 치고 가마솥 땡볕이

내리쬐며, 살을 에는 듯한 칼바람이 분다. 그 속에 너와 내가 놓여 있다. 견디고 버티며 살아남는 것은 우리의 몫이다. 산 자들의 역경이 다 다르다. 모두가 용하다고 도토리 키 잰다.

지난 세월 회한도 많지만 할 말도 참 많다. 후일에 아내에게서 들은 얘기지만 '그 사람은 안 되고 아니다.' 는 한결같은 가족의 만류를 뿌리치고 나를 선택한 아내다. 어떤 땐 나조차 그때 아내의 선택이 잘못되었다고도 생각했다. 여러 수준과 처지와 형편이 나 하고는 안 맞았다. 비교할 수 없이 격이 다르고 차원이 달랐다. 분수 모르고 나는 무작정 아내를 좋아하고 탐했다. 그 시절 내 욕심이 평생 아내를 힘들게 하고 양어깨에 천 근이나 되는 짐을 얹어 놓고 말았다. 하얀 백지장 같았던 아내의 미래에 덜컥 먹물 방울을 떨어뜨린 셈이다. 아내는 숙명이 되었다. 백지의 먹물은 지워지기는커녕 점점 더 번져만 갔다. 타들어 가는 속을 달래며 눈감고 귀 막고 코 막으며 앞만 보고 살아왔다. 아내는 그렇게 살아왔다.

속이 문드러지고 몸이 망가져 골병들고 만신창이가 될 줄은 몰랐다. 우리는 고기가 몰려 있을 것 같은 웅덩이는 물속 깊이를 따지지 않고 물막이를 하고 그물을 던졌다. 허망한 적도 많았지만 멈추지 않았다. 실패란 원하는 것을 시도하지 않는 데서 비롯된다고 생각했다. 좋은 결과만 기대하고 시도하지 않는 것은 실패의 원인일 수 있다. 많이 넘어지는 자만이 일어설 줄을 안다. 마침내 망망대해에 보일 듯 말 듯한 돛단배가 나타나기 시작했다. 그리고 바다 너머 저편으로 새로운 희망의 땅이 우리를 기다렸다. 우리는 헤엄치고 노 저으며 허겁지겁 그곳을 향해 달렸다. 그리고 여기까지 왔다. 칠순이 코앞에 이르렀다.

뒤돌아볼 새 없이 달려온 황무지 같았던 우리의 험난한 삶. 그 시절 누군들 그렇지 않았으랴마는 자꾸 우리가 더 유별난 것만 같은 생각이 든다. 우리가 걸어온 길엔 가족이 더 걸림돌이고 장애일 때가 많았다. 버티고 지탱할만한 것이 하나도 없는 형편에 막고 때우고 덮어야 할 일들이 너무나 많이 있었다. 처리하기엔 한계가 있고 수단과 방법이 막막할 때가 한두 번이 아녔다. 울래야 울 곳조차도 없었지만 운다는 것은 차라리 한가한 짓이었다.

우리라고 마냥 좋은 사이로 살았겠는가. 성장 배경과 환경이 너무나 동떨어졌던 우리가 박자가 잘 맞을 리가 없었다. 걸핏하면 부딪히고 티격태격 버성겨 지낸 세월이 지금까지다. 하지만 칼로 물 베기에 그쳤지 용하게도 극단적인 선택은 하지 않았다. 비 온 뒤에 땅이 더 단단해진다고 했던가. 제정신 돌아와 멀쩡할 때면 우리는 두 손을 꼭 잡았다. 어떤 일이 있어도 잡은 손을 놓지 말자고 그때마다 다짐하고 맹세했다. 한 몸이어야 한다고 공감했다. 비록 몸은 둘이지만 생각은 하나로 모아야 한다고 했다. 서로가 자신 안에 상대를 보듬자고 했다. 섞여서 하나의 공통분모를 도출해내자고 했다.

아내의 머리가 백발이 된 지 오래다. 염색하지 않으면 옛 모습을 볼 수 없다. 자고 일어나도 몸이 개운치가 않다고 입버릇처럼 말하곤 한다. 즐기는 프로라서 꼭 보겠다고 소파에 나란히 앉았던 아내다. 얼마 못 가 비스듬히 눕더니 곤히 잠들었다. 잠든 아내를 본다. 곱고 희던 그 얼굴에 인생 계급장이 여럿 그려져 있고, 많은 잔주름이 곧 승급할 듯 도사리고 있다. 애틋하고 짠한 마음에 울먹임이 솟구친다. 미안하고 또 미안한 마음뿐이다. 아내와 만나 살아온 세월이 주마등처럼 스쳐 지나간다. 감독도 연출도 배우도 모두 우리였다. 인생시나리오도 우리가 썼다. 실패와 실수도 있었지만 용하게 잘 해왔고 해내고 있다.

평생 살면서 쌓인 미운 정 고운 정으로 둘이 하나 되어 단단한 옹이로 자리한 당신과 나. 이제는 안 떨어지고 못 떨어지리라. 잠든 아내에게 속으로 말한다. '당신은 내 안에 나는 당신 안에' 라고. 행여 우리, 생을 함께 마감하지 못할 날이 온다 하자. 내가 먼저 가면 그 안에 있는 당신도 그때 가는 것이고, 당신 먼저 가면 당신 안에 있는 나도 그때 가는 것이리라. 둘 중 누가 혼자 남는다 한들 그게 겉으로 산 것이지 속조차 산 것이겠는가. 육신만 혼자 남아 움직인다고 해서 살았다고 말할 수 없지 않은가. 정육精肉이 옹이 되어 하나 된 지 오래인데.

다시 말하리라. '당신은 내 안에 나는 당신 안에' 있다고.

〈2016.1.18.〉

다시 솔잎을 먹으며

서서히 동이 터온다. 아직 알람이 울리진 않았지만, 나는 이미 잠에서 깨어 있었다. 자리에서 일어나 주섬주섬 옷가지를 챙겨 입고 1층 주차장으로 내려왔다. 비닐봉지와 빗자루를 들고 아무렇게나 널브러진 쓰레기를 치운다. 이리저리 구석구석 눈을 돌려 주우며 쓸어 담는다. 어느 정도 청소가 다 되었는가 싶으면 이웃해 있는 큰 딸네가 사는 집으로 간다. 역시 같은 일을 하기 위해서다.

나지막한 휘파람이 가늘게 절로 나왔다. 어디선가 들었는데 가사가 너무 시적으로 좋아서 요즈음 배울 요량으로 속으로 연습하고 있는 노래다. 이리저리 다니면서 쓰레기를 치우며 줍고 있는데 4층에 사는 큰딸이 "아빠!" 하고 내려다보며 부른다. "응!" 대답하면서 올려보았다. 그리고는 해맑은 미소를 보내며 말했다.

"일찍 일어났네. 너는 아직 안 일어난 줄 알았는데……."

다시 청소를 계속한다. 나도 모르게 또 흥얼거린다. 기분이 좋은 게 틀림없다.

나는 지금 속칭 원룸에 산다. 원룸은 법적으로는 단독주택이자 다가구주택인데 작은 가구들이 한 건물 안에 여럿이 있는 집이다. 이곳으로 이사 온 지도 3년이 훌쩍 지났다. 내가 이런 집에서 살리라고는 전혀 생각해보지 못한 일이다. 이곳으로 이사 오기 전 우리 내외는 모 아파트에서 전세로 살았었다. 별 생각 없이 안주하며 사는 나에게 어느 날 아내가 전세 만료 뒤 다음 거처로 원룸을 제안해 왔다. 숙의 끝에 우리 내외는 지금의 원룸을 사서 이사 오게 된 것이다. 지금 생각으로는 얼마나 잘한 결정인지 모른다. 그런데 일이 생겨났다. 다름 아닌 입주한 여러 가구를 관리하며 이들에게서 발생하는 온갖 생활 쓰레기를 치우고 청소하는 문제다. 전체 건물 안팎 모든 시설의 점검과 화재 · 도난 · 사고의 예방, 쾌적한 주거환경의 조성 등 신경 써야 할 일이 한둘이 아니다.

내가 원룸으로 이사하게 되었다는 말을 들은 자주 만나는 선배는 "에이 사람! 그냥 편하게 살지 왜 그랬어? 여러 가지 체면도 있고 말이야. 그거 내가 아는데 보통 일이 아니야. 여간 신경 쓰이는 게 아니라고." 하면서 부정적인 반응을 보이기도 했다. 그 선배뿐 아니라 몇몇 다른 동료 지인도 역시 같은 반응으로 시큰둥했었다. 여러분의 부정적 반응과는 달리 나의 견해는 절대 그렇지 않았다. 조금은 신경 써야 하고 힘들지 몰라도 이까짓 정도는 능히 감수할 수 있으며 즐겁고 가벼운 마음으로 해낼 수 있다고 생각했다. 지금도 그 생각에는 변함이 없다. 오히려 시간이 지날수록 참 잘했다는 생각이 든다.

나는 가난한 농부의 맏아들로 태어났다. 어릴 적부터 보고, 듣고, 배운 게 농사일이고 농촌의 삶이 전부였다. 우리 집의 모내기, 벼 베기, 보리 베기 등의 농사일을 하는 날이면 학교에도 가지 못하고 농사일을 거들어야 했다. 나이 열여덟이 될 때까지 농촌을 떠나본 적이 없었다. 그 때문에 농촌에서 하는 일이라고는 거의 다 해봤다. 청년이 되면서는 품삯도 받으며 일을 했다. 나는 체력이 건장하여 어른 못지않게 힘든 일도 감당할 수 있었다. 공사판에도 다니고, 어느 해인가는 모내기 작업반에도 들어가 50여 일 동안 객지까지 다니며 계속해서 모내기한 적도 있었다. 그렇게 농사꾼으로 지내다가 뒤늦게 집을 뛰쳐나와 고등학교에 진학하면서 끊겼던 학업이 이어졌고, 고교 3학년 초에 공무원 시험에 합격함으로써 40평생을 공직자로 살았다.

전북도청에서 이사관으로 퇴직했고 그동안 학업도 병행하여 공학박사 학위까지 받았다. 퇴임 후에는 대학의 겸임교수로 발령받아 수년째 후학들에게 강의를 해오고 있다. 어떻게 해서 여기까지 왔는지조차 모를 정도로 달려온 삶이다. 어디까지가 내 삶의 끝인지는 알 수 없지만, 살아서 건강하게 움직일 수 있는 한 나는 결코 안일한 삶을 살지 않으련다. 부단히 생각하고 움직이며 활발하게 생활하려고 한다.

지금 내가 하는 원룸의 관리도 그런 맥락이다. 여러 가구가 입주해 사는 관계로 사람마다 제각각이어서 대하기도 쉽지 않을뿐더러 심리적 고통도 만만치 않다. 쓰레기를 치우는 일은 정말 장난이 아니다. 분리해 버리도록 종류별로 따로 수거 칸을 비치해 놓았지만 제대로 이행되지 않는다. 재활용 쓰레기를 이것저것 섞어서 버리는 일은 다반사고 음식물 쓰레기를 재활용과 같이 버리기가 일쑤다. 담배꽁초, 담뱃갑, 음료수 컵 등을 버리는 것은 궁상맞기까지 하다. 창틀, 계단, 자동차 위, 현관 바닥 등 장소 불문이다. 심지어 토하고 배설한 오물까지도 어디든 상관이 없다. 일부의 몰지각한 작태는 정말 가관이다. 쓰레기가 제대로 버려질 날이 언제일지 요원한 생각마저 든다.

선배나 동료 지인이 말하고 염려한 그대로다. 이런 일이 나라고 해서 하고 싶은 일이겠는가? 쓰레기를 분리하고 줍고 쓸어 담는 일이 결코 즐거운 일은 못 된다. 그러나 이 정도의 일은 해야 한다고 생각하고 기꺼이 받아들이고 있다. 체면 때문에, 창피해서라는 생각은 추호도 없다. 내가 과거에 궂은일을 하면서 살았는데 지금 와서 새삼 체면 같은 것을 생각할 수 있겠는가. 일로 따지면 이까짓 것은 일도 아니다. 힘든 일이 아니다. 충분히 할 수 있는 일이다.

지난여름, 퇴직한 후배 지인 한 사람이 아침 운동을 나가다 청소하고 있는 나를 발견하고 역시 탐탁지 않은 반응을 보였다. 세상이 잘못된 것인지 내가 잘못 사는 것인지 모를 일이다.

솔직히 항상 무거운 책임을 안고 노심초사하며 칼날 위에 선 것처럼 살았던 공직생활보다 지금의 이 생활이 얼마나 홀가분하고 좋은지 모른다.

원래 송충이의 주된 먹이는 솔잎이다. 송충이는 솔잎만 먹고 살았기 때문에 솔잎 먹이에 길들어 있다. 송충이가 갑자기 색다른 음식으로 바꿔 먹으면 탈이 나게 마련이다. 나 역시 농부의 아들로서 농사일로 길들었었는데 수십 년 동안 공직 생활을 탈 없이 해온 게 용할 뿐이다.

나는 청년 시절까지 농촌의 정서를 먹으며 농사일을 해왔다. 어떻게 보면 오랜만에 어릴 적부터 몸에 배었던 막노동을 되찾은 것이다. 근심·걱정 없이 몸으로 때우는 이까짓 단순노동쯤이야 오히려 나를 게으르지 않게 하는 삶의 촉매가 될 수 있으리라.

오늘도 나는 가벼운 마음으로 비를 들고 이른 아침을 열고 있다. 활기차게 휘파람 불며 새벽 공기를 가르고 마시리라. 오랫동안 솔잎을 떠났던 송충이가 돌아와 다시 입맛이 길든 솔잎을 먹는 심정으로…….

〈2013.10.8.〉

황혼은 단풍이다

그야말로 만산홍엽의 전형적인 늦가을 어느 날이었다. 10여 년 전부터 우리 내외가 우연히 알게 되어 가끔 식사 모임을 하는 K 모 회장님 노부부가 있다. 사실 이름만 대면 웬만한 분들은 다 알만한 지역 사회에서는 많이 알려진 내외분이다. 우리 내외 보다 열 살도 더 드신 인생 대선배이시다. 어쩌다 만나게 되어 알고 지내지만, 평소 우리 내외는 그 내외분을 마음으로부터 함께 존경하고 지내는 지인이시다. 그날도 우리는 식사를 같이하기로 약조하고 그 내외분이 사시는 아파트 앞까지 모시러 갔다. 매사에 철두철미하신 분이라 꼭 약속시각 전에 도착해야 한다. 어김없이 약속 지점에서 기다리셨다. "그동안 별고 없으셨지요? 사모님은 정말 오랜만인 것 같아요." 아내가 차에서 내려 두 분을 차 안으로 모시면서 건네는 인사말이다. "그러게 오랜만이네! 잘 있었어?" 차에 오르자마자 상당 기간 궁금했던 안부 인사를 서로 주고받는다.

그날은 모처럼 교외로 나가 식사하기로 정한 터였다. 밖은 늦가을이라서인지 벌써 땅거미가 들기 시작한다. 올해 우리 내외에게는 바쁘고 힘든 일이 많은 것 같다. 살던 집을 팔고 다른 집으로 이사를 하느라 잡다한 일거리가 많았는데 설상가상으로 구순을 넘기신 노모께서 그 무렵 교통사고로 8개월째 병상에 계셔서 이래저래 심란한 나날을 이어가고 있다.

그래서 해마다는 아니지만, 가을이면 가까운 산행이라도 하면서 단풍 속으로 푹 빠지곤 했었는데 올해는 그러질 못했다. 유독 가을을 좋아하는 나는 아쉬움이 클 수밖에 없다. 가을엔 간직한 추억도 많지만, 형형색색으로 물든 단풍을 보면 숨이 막힐 듯이 경탄이 절로 나온다. 가을엔 정말 너무 좋아 어찌 표현해야 모를 정도로 감흥을 주체할 수가 없다.

저물어가는 차창 밖 석양 노을을 바라보며 조금 달렸을까 어떻게 지내셨느냐는 아내의 말에 "요즘엔 뭣을 해도 재미가 없고 자꾸 인생이 허무해진다."고 사모님이 말씀하신다.

"요새는 정말 나도 사는 맛이 별로 없어." 하면서 회장님이 말을 거드신다. 그러더니 아예 두 분이 처음 만나 어렵게 살아온 얘기를 서로 앞다투듯 번갈아가며 하신다. 수레를 끌며 보잘것없는 사업을 시작한 무렵, K 회장님은 새벽 4시 통행금지 해제 사이렌이 울리자마자 어김없이 하루도 빠짐없이 집을 나섰다고 한다. 비바람 부는 궂은 날 가릴 것 없이 수십 년을 그렇게 지내셨다고 한다. 직무에 대한 강한 신념과 책임감은 타의 추종을 불허한다 했다. 어느 땐 사업상 새벽녘까지 술을 마시고 고주망태가 되어 겨우 귀가하여 정신을 잃은 때도 있었지만 그 시간에는 반드시 잠에서 깨어 사업장으로 향했다고 했다. 아무리 과음을 하시더라도 절대로 외박한 사실이 없으며 그것만은 사모님이 인정하신다고 한다. 그 당시 흔히 주객에게서 있을 법한 일탈은 다른 사람에게 해당하는 행태였다고 한다. 그뿐만 아니라 건강관리를 위하여 새벽 시간도 불사하고 인근 모악산 산행은 필수 일과라 했다. 산행은 지병인 당뇨관리를 위한 치료 수단이라고도 했다. 그분의 산행 습관은 지금까지도 이어지고 있는데 우리도 못 하는 무서운 의지를 보이신다. 그러한 의지가 오늘날 여러 면에서 괄목할 만한 성과를 이루어냈고 성공적인 노후를 맞고 있다.

사모님도 예외가 아니시다. 우리가 볼 때 전형적인 현모양처다. 오로지 평생 회장님을 위하여 헌신과 희생으로 일관해오셨다 한다. 술을 유달리 좋아하셨던 회장님은 거의 매일 술을 거르는 날이 없을 정도였다고 한다. 그러니 몸이 철이라 해도 녹아내렸을 것이라 했다. 그때마다 사모님은 회장님 건강관리를 위하여 온갖 정성으로 좋다는 음식을 다 해주셨다 한다. 평소 사모님을 겪어본 바로는 어릴 때부터 철저하게 전통적인 가정교육이 몸에 밴 요즘 보기 드문 여필종부의 전형이다. 아내는 항상 가정 살림살이에 관한 모든 것을 그분께 물으면 될 성싶다며 두 분 내외를 만나면 배울 게 많다고 말한다. 그런 가운데서도 어렵고 힘들게 일궈온 사업장에 출근하여 함께 일하며 내조에 안팎을 가리지 않으셨다고 했다.

그동안 두 분이 걸어온 험난한 과정은 말로 다 할 수 없는 힘겨운 여경이었다고 했다. 그 결과 오늘날 두 분은 성공한 사업가이시고 상당한 부까지 누리는 경제적으로도 내로라 할 만큼 입지를 다지셨다. 슬하에 두 아들이 있는데 두 분 덕에 사업을 이어받아 탄탄대로를 걷고 있다.

그런 두 분이 언제부터인가 삶이 허허로워지는 느낌이 들게 된 것 같다. 하시던 사업도 아들에게 다 물려주고 나이도 팔순이 지나면서 삶이 무미하고 재미가 없어지는 느낌이 드는 듯했다. 누군가 말했던가. 나이 팔십이 넘으면 배운 사람이나 못 배운 사람이나 매한가지고, 있는 사람이나 가난한 사람이나 똑같다고. 그래서 두 분 내외도 그런 감정인지도 모르겠다. 나이가 많아 몸은 말을 잘 안 듣지만, 마음이나 생각까지 따라 늙는 건 아닐 텐데 그런 갈등을 겪고 있는 건 아닌지 모른다. 나이 70을 갓 넘긴 나도 가끔 그런 마음이 드는 걸 보니 동병상련의 마음이다. 충분히 이해가 가고 공감이 간다. 그러나 인생이 다 그런 거 아니겠는가. 설령 인생 후반에는 모두 다 그런 거라는 것을 젊었을 때 알았어도 우리는 삶의 마디마다 모름지기 그렇게 살아야 하고 그럴 수밖에 없는 거 아니겠는가. 만약 한참 열심히 살아야 할 시절에 허송세월했다면 늘그막에는 얼마나 더 비참하고 허망한 노후이겠는가. 내가 보기엔 아직도 회장님은 정신력이 대단하시다. 어김없이 모악산 산행을 일주일에 꼭 한 번은 다니신다. 치료받고 보약 먹으러 간다고 말씀하신다. 나도 가끔 해보지만 참으로 쉽지 않은 결행을 초지일관으로 하신다. 무서우리만큼 의지가 강하고 추진력이 대단하시다. 그런 그분이 자꾸 마음이 텅 빈 듯한 느낌이 드는 건 어쩔 수 없는 나이 때문인가 보다.

두 분이 누가 먼저랄 것도 없이 지난 삶을 곱씹어 가며 쉼 없이 토로하시는 말씀 끝에 묵묵히 듣고 있던 아내가 불쑥 "회장님! 황혼은 단풍이에요."라고 말을 받는다. 순간 나는 '야! 멋지다. 그 표현.' 그런 생각을 했다. 왜 그럴까? 하고 궁금해 하고 있는데 아내가 말을 잇는다. "밖에 단풍을 보세요. 울긋불긋 얼마나 아름다워요? 저렇게 아름다운 단풍이 저절로 아름다워지는 게 아니잖아요? 나무 하나가 단풍이 들기까지는 얼마나 많은 시련과 고통의 세월이 있었습니까? 싹틔우고 세상에 얼굴 내밀었더니 비바람 불죠. 눈보라치죠. 폭염 혹한은 필수죠. 게다가 주변 환경과 다른 식물들과의 경쟁은 또 얼마나 치열했고 먹어버리고 꺾어버리려는 동물과 인간의 침략적 위험은 또 얼마나 많았었습니까? 그런 인고의 시간이 지나고 성장해서 이제 나무의 나이도 황혼이 된 겁니다. 그렇게 부딪치고 시달리면서 성장한 나무가 이제는 저렇게 아름다운 단풍으로 우리를 보란 듯이 내보이고 있지 않습니까?"

아내의 말이 장황했다. 그런데 수긍이 가고 설명이 멋있었다. 순간의 생각인가 아니면 평소 그런 비유의 생각을 하고 있던 참인가 놀라웠다. 회장님 내외도 정말 그렇다고 공감하셨다. "그러니 회장님과 사모님도 저 단풍처럼 아름다운 노후를 맞고 계신 겁니다. 왜 삶이 공허합니까? 원숙하고 향기 나는 아름답고 멋진 황혼의 인생을 사시는 겁니다."라고 아내가 말을 이었다. 그러면서 절대로 그런 생각 마시고 즐겁고 행복한 나날이기를 바란다고 덧붙인다.

온갖 시련과 희로애락을 다 겪고 살아온 인생길의 후미가 황혼인데, 누구나 다 그런 과정을 거치는데 단풍처럼 아름답게 세상에 빛으로 황혼을 살아가야 하지 않겠는가? 아내가 한 말이다 '인생의 황혼은 마치 단풍과 같다' 고.

〈2017.11.7.〉

아내의 생일

음력으로 10월 15일은 아내의 생일이다. 아내는 1950년에 태어났으니까 올해로 62번째 생일을 맞는다. 해마다 아내의 생일이면 나와 딸들 내외가 함께 모여 생일을 기념하여 식사를 같이 하며 축하하곤 한다.

어제부터 대전에 사는 처형이 아내의 생일 아침 일찍 우리 집에 도착할 테니까 아무것도 하지 말고 기다리라고 신신당부하는 전화가 왔다. 우리 내외는 그 바람에 정말로 아무런 준비도 하지 않고 처형이 도착하기만을 기다렸다. 아침 7시에 약속한 대로 처형이 도착했다. 둘째 이질녀가 운전하고 승용차 편으로 이것저것을 준비해서 가지고 왔다. 이미 오래전부터 처형과 아내는 생일에 왕래하면서 서로의 생일을 축하하며 지내오고 있다.

우리 집이 4층이라서 집에 도착했다는 전화를 받고 1층 주차장에 내려가 보니 준비해온 것이 한둘이 아니었다. 처형은 작년부터 생일케이크와 꽃다발을 특별히 축하 문구까지 넣어 주문해서 만들어 오는가 하면 부침개, 각종 나물, 인삼튀김, 수육 등 심지어 쇠고기 미역국까지 끓여 가지고 왔다. 따라서 식탁에 챙겨 놓기만 하면 식사 준비가 끝나게 되었다. 그뿐만 아니라 화장품을 선물로 따로 사 오는 것도 모자라서 올해는 20kg 들이 현미 2포대를 별도로 차에 실어 가지고 왔다. 처형 사돈댁에서 질 좋은 쌀로 보내온 것이라고 한다. 준비해온 것들을 합하면 자취생의 작은 이삿짐(?) 정도나 되었다. 처형은 오래전부터 생각하고 준비했다고 했다. 아내와 나는 분에 넘치는 선물과 정성을 받은 셈이다.

"너무나 많은 것들을 준비하셨네요. 건강이 좋지 않은 형님까지 계시는데……."라고 내가 인사말을 건넸다.

"별말씀을요. 나는 1년 중 가장 기다리고 기분 좋은 날이 오늘입니다. 세상에 하나밖에 없는 내 동생 생일이 그렇게 기다려지는데요 뭐."라고 내 말이 끝나기가 무섭게 대답했다. 처형의 얼굴 표정에서 그 말이 진실임을 읽을 수 있었다. 마치 처형은 자기의 생일이나 되는 것처럼 만면에 기쁨이 넘쳐났다.

나는 처형의 현재 처한 환경이 어떠한지를 누구보다도 잘 안다. 한 2년 전부터인가 동서께서 파킨슨병의 진단을 받고 집에서 치료 중에 있는데, 잠시도 곁을 떠나면 혼자서는 몸을 가눌 수 없을 정도로 병세가 점점 악화하여 가는 중이다. 그뿐만 아니라 처형의 외손자 외손녀를 둘씩이나 뒷바라지하며 함께 살고 있다. 따라서 여느 사람 같으면 혼자 몸도 감당할 수 없을 만큼 날마다 지치고 피곤한 생활이다. 강인한 의지와 정신력으로 버티지 보통 사람으로서는 엄두도 못 낼 삶이다. 그럼에도 이렇게 골고루 신경 써서 동생의 생일 준비를 해온다는 것은 무리이고 여간 힘든 일이 아닐 수 없다.

아내는 한국전쟁이 발발하던 해에 태어났다. 그녀는 유복녀로서 그녀 아버지의 얼굴을 본 적이 없다. 그녀의 아버지는 한국전쟁 당시 경찰관의 신분이었는데 그녀가 태어나기 전에 전투에 참전하여 끝내 돌아오지 못하고 순직하셨기 때문이다. 내가 결혼한 후 확인해보니 그녀의 가족은 아버지의 전사 날짜도 모르고 있었다. 그래서 한동안 나는 그녀 아버지의 전사일을 확인하려고 갖은 노력을 다 해봤으나 결국 허사로 끝나고 유일하게 정읍시에 있는 충혼비에서 전사자의 명단 속에 포함된 사실만을 확인하는 데 그친 적이 있다.

나는 아버지의 얼굴도 모르고 살아온 그녀가 아버지에 대한 그리움이나 연민 같은 것이 어느 정도인가를 도저히 상상하고 가늠할 수가 없다. 어릴 때 자라면서 남들 다 있는 아버지를 보지도 못하고 불러 보지도 못한 마음이 어땠을까 이해할 수가 없다. 얼마나 보고 싶었으며 얼마나 그리웠을까 말로는 그 심정을 표현할 수가 없을 것이다. 또, 살면서 아버지 생각이 날 때나 '아버지' 란 말이나 단어를 접할 때는 그녀는 어떻게 그 고비 고비를 넘기는지 알 수가 없을 뿐 아니라 안타깝기가 그지없다. 아마도 아내는 평생을 아버지에 대한 동경과 연민으로 한이 되었을지도 모른다. 아니 아내는 지금쯤은 어쩌면 아버지에 대한 그리움은 이미 메말라 버렸는지도 모른다. 내가 그녀와 만나 살면서 제일 민감한 부분 중 하나가 아버지다. 평소 나는 삶 속에서 돌아가신 아버지에 대한 그리움이 밀려오면 애잔하기 짝이 없지만, 그녀 앞에서는 상당히 조심하는 편이다. 그러다가도 불쑥 아내에게 아버지에 관한 얘기를 꺼내곤 할 때가 가끔 있다. 그럴 때마다 겉으로는 태연한 척하지만 속으로는 미안한 때가 한두 번이 아니었다. '아버지에 대한 추억이 하나도 없는 내 앞에서 무슨 얘기를 하는 거야?' 라고 항변이라도 할 것 같아서 계면쩍은 때가 있었다.

처형은 그런 아내의 처지와 속내를 누구보다도 잘 아는 혈육이다. 내가 짐작 하기로는 속이 깊고 생각이 크신 처형이 아버지를 모르고 자란 동생이 항상 안쓰럽고 짠하여 더욱 아내를 다독이며 위안하려는 마음인 것 같다.

'생일축하 합니다. 생일 축하합니다. 사랑하는 동생(아내)의 생일 축하합니다.' 처형과 아내와 나는 기쁘고 즐겁게 행복한 마음으로 생일 축송을 박수를 치며 합창했다. 촛불을 끄고 생일케이크를 자르면서 아내의 62회 생일을 축하했다. 그렇게 아내 송희남의 생일 축하 의식이 멋지게 진행되었다.

이때까지의 삶을 감사하고 남은 생에 대하여 건강과 행복을 하나님께 기도 드렸다. 성장 과정이 여리어서 가난한 삶에 대한 면역이 없었던 아내가 나와 만나 파란만장한 풍파를 겪으며 살았다. 용케도 잘 버티고 견뎌내 주었다. 참으로 고마울 뿐이다. 할 말이 없고 미안한 마음뿐이다.

부디 바라건대 지금까지 어려운 환경 속에서 선한 싸움 싸우며 성난 파도를 헤쳐 왔으니 여생은 즐겁고 복되고 행복하소서.

또, 두 사람 자매가 서로를 아끼고 사랑하고 위하는 마음이 지금처럼 영원하소서.

언제까지나 이 땅에서 다른 사람들의 생일은 없고 오직 두 자매의 생일만 있는 것처럼 기억하고 기다리고 준비하고 맞이하면서 서로의 생일잔치를 벌이소서.

언니랑 동생, 동생이랑 언니 부디 선녀 같은 모습으로 아름답고 보기 좋은 생일들을 만드소서.

〈2012.11.28.〉

빌스테이트의 서광

생각해 보니 여덟 번째다. 남의 집 별채 방을 사글세로 얻어서 신접살림을 챙긴 이후로 이사한 횟수다. 결혼 후 10년간은 사글셋방 네 곳을 전전하며 지내다가 최초로 내 집이다고 장만한 게 1984년의 일이다. 대지가 34평이고 건평이 19평인 전주시 덕진구 금암동의 아주 조그마한 집이었다. 그 해는 아버지의 회갑이 되는 해라서 잔치를 치를 전셋집을 구하려다 우연히 운 좋게도 좋은 분을 만나 집을 사게 된 것이다. 당시만 해도 회갑 때는 으레 잔치하는 것이 보통이었고 잔치도 집에서 음식을 장만하여 상을 차려 드리는 게 상례였다. 지금처럼 음식점 등에서 가족끼리 모여 간단하게 식사 정도로 그치는 경우가 거의 없던 때였다. 특히, 우리 아버지는 조실부모해서 나이 11세 이후부터는 독신으로 세상에 돌보는 이 없이 고생만 많이 하시며 사신 분이다. 평생을 외로운 가운데 일곱 자식의 호구지책과 뒷바라지에 앞뒤 볼 겨를 없이 중노동만 하고 사셨다. 나는 그런 아버지를 위하여 회갑잔치만은 꼭 챙겨드려야겠다고 오래전부터 결심했었다. 이 무렵 나는 남노송동 도로변에 있는 가게가 딸린 사글셋방에서 '동락스낵' 이라는 상호를 걸고 분식장사를 하며 살았다. 금암동의 집은 비록 작고 조그마한 집이었지만 내 생애 최초로 산 집이었기에 그때의 감격과 기쁨은 지금도 잊을 수가 없다. 그해 4월 우리 내외는 한동안 하던 분식장사를 접고 처음으로 사들인 그 집으로 이사했고, 곧바로 아버지의 회갑 기념일을 택일하여 잔칫상을 차려 올렸었다. 잔치가 끝난 후 아버지와 어머니, 장모님 그리고 우리 내외가 제주도 3박 4일간의 여행도 다녀왔다. 그때가 부모님은 물론이고 우리 내외도 신혼여행이었다.

우리 내외는 그 집에서 5년 동안 살았는데 집 안팎을 얼마나 알뜰살뜰히 가꾸었는지 모른다. 그야말로 불고 닦고 꾸미며 그림 같이 관리했다. 퇴근하고 집에 돌아올 때면 대문 앞에 멈춰 서서 '아! 이게 정말 내 집인가?' 하며 감격하며 가슴 뿌듯해했다. 그렇게 소중하게 관리하며 정들었던 집을 어느 날 갑자기 아내의 제의로 팔고 새로운 집을 사서 이사하게 되었다. 그 게 1990년 1월이었다. 그 집 역시 분에 넘치는 아주 근사한 단독주택이었다. 인후동에 있는 새로 지은 집으로 금암동 집을 팔 때 중개했던 분이 알선했는데 당시 내 형편으로는 상당히 버거웠었다. 아주 큰 이층집으로 아래층은 모두 세를 놓고 위층에서 살면서 고등학교에 다니는 학생을 들여 하숙을 치르며 살았다. 우리 가족은 그 집에서 13년간을 살았는데 그때가 우리 가족의 전성기였다. 나는 그 집에서 서기관으로 승진하였고 박사학위도 받았으며 세 딸이 모두 대학에 진학했다. 경제적으로 가장 힘들었고 어려운 고비였다. 그러던 어느 날 아내가 무릎에 심한 통증으로 마침내 수술했다. 담당 의사는 아내가 2층 계단을 오르내리는 것을 더는 어려울 수 있기 때문에 엘리베이터가 있는 아파트로 주거를 옮겨야 한다고 했다. 곧바로 우리는 분양 아파트를 찾아 나섰고, 당시 분양 중인 중화산동에 있는 E아파트를 청약했었다. 그로부터 3년쯤 후에 아파트 건축이 끝남에 따라 2003년 11월에 아파트로 이사해서 처음으로 아파트 생활을 시작했다. 평소 성냥갑 같다고만 생각했던 아파트로 이사와 살아보니 외형으로 관리가 필요 없이 모든 게 단독주택 살 때와는 판이하였다. 편리한 점이 더 많았다. 우리 가족은 이 집에서 새록새록 정을 키우며 불편한 줄 모르고 평생 살 것처럼 안주하며 살았다. 이 집에 사는 동안 나는 부이사관으로 승진하여 전북도의 국장을 지냈으며 나중에는 이사관으로 승진하면서 명예퇴임을 했다. 2005년도에는 수필가로 문단에 등단도 했다. 세 딸도 모두 이 집에 사는 동안 좋은 사람 만나 결혼했다. 전주시에서 아름다운 건축상을 받은 아파트였다.

2010년 7월 어느 날, 막내딸이 아이 양육을 위하여 이 아파트를 자기에게 양도하고 내가 다른 곳으로 주거를 옮겼으면 하고 간청을 해왔다. 그래서 하는 수 없이 그 더운 여름날에 급하게 전세를 구하여 태평동에 있는 S 아파트로 갑자기 이사했다. 이번에는 이사철도 아니고 급하게 집을 구하는 바람에 임시로 2년간만 살 요량으로 거처를 옮긴 것이다. 아무리 그렇다고는 하지만 분양 평수가 69

평형인데 어찌나 실내 공간이 큰지 냉난방을 제대로 하려면 엄청난 비용이 들어가고 생활 동선도 커서 불편한 게 여간 아니었다. 그런데다 입주 후에 부동산 전문회사로 소유가 넘어감에 따라 전세금 환수도 적이 염려하며 살았다.

전세 든 아파트에서 한 1년쯤 살았을 무렵인 2010년 3월 31일 아내와 나는 야외에 운동을 나갔다가 귀가하던 중이었다. 전주 시내에 접어들었을 때에 갑자기 아내가 부동산 공인중개사 사무실에 들르자는 제안을 해왔다. 도로변에 있는 S 부동산 사무실을 들러서 아내는 다가구 주택에 관심을 두고 여러 가지 자문했다. 솔직히 그때까지 나는 별생각도 없었고 관심도 없었다. 나중에 안 일이지만 아내는 태평동의 아파트로 이사 오면서부터 다음 이사 갈 거처를 늘 염두에 두고 있었다고 했다. 어디로 갈 것이며, 아파트로 갈 것인가 아니면 단독주택으로 갈 것인가를 두고 머릿속으로 고심했다고 했다. 그런 줄도 모르고 나는 그냥 멍청히 지내고 있었던 것이다. 아내한테 부끄러웠고 정신이 번쩍 들었었다. 생각해보니 전세 기간이 1년 정도밖에 남지 않았으니 검토하고 염려해야 할 문제였다. 그날 이후 우리는 적극 이 문제에 대하여 여러모로 검토하기 시작했다. 많은 집을 보러 다니다가 마침내 내외가 깜빡 가버릴 정도로 멋있고 맘에 드는 집을 발견했다. 지은 지 1년 정도 되는 빌스테이트라는 이름을 가진 다가구주택이었다. 그 집을 본 이후로는 다른 집은 보기도 싫고 이제는 어떻게 해서 집값 조달을 할 것인가에만 몰두하고 여러 날 동안 머리를 맞대고 밤잠을 설치면서 수없이 계산기 전원을 켰다 끄기를 반복했다. 뜻이 있으면 길이 있다고 마침내 우리는 그 집을 사기로 했고, 2012년 6월 1일 드디어 이사했다.

집을 사고 난 뒤로도 우리는 수차례 그 집에 들러서 구석구석을 살펴보았지만, 보면 볼수록 좋기만 했다. 조금은 불안하고 이상할 정도였다.

우리가 보는 눈은 한계가 있을 테니 다른 사람들을 많이 초청해서 구경을 시켰다. 객관적인 안목으로 평가하라 했지만, 모두 좋다고만 했다.

이사하는 날은 초여름 같은 날씨였다. 사람 사는 데 뭐가 그렇게도 많은 것이 필요한지 짐이 꽤 많았다. 밤늦도록 짐을 들여 놓느라 우리 내외는 파김치가 되었다. 잠깐 눈을 붙였는가 싶었는데 눈을 떠 보니 여명이 밝아오는 이른 새벽이었다. 더듬더듬하여 2층 옥탑방으로 올라가는 계단 쪽으로 나왔을 때였다. 아래층과 위층을 연결하는 계단 벽 쪽이 서광으로 빛나고 있었다. 눈이 부실 정도로 강렬하면서도 밝고 아름다운 불빛 같았다. 나는 불이 켜졌을 것으로 생각하고 스위치를 찾아 더듬거렸지만 이내 불빛이 아니고 햇살이 비치고 있음을 알았다. 너무나 아름다웠다. 프리즘에 비친 빛의 굴절 같기도 했고 서치라이트 불빛 같기도 했다. 새해 첫날 아침에 비치는 일출의 서광 같았다. 정말 황홀했다. 착각이라고 믿기지 않았다. 순간 나는 나도 모르게 '빌스테이트의 시내산이다! 빌스테이트의 서광이다! 고 외쳤다. 시내산은 이집트 시나이반도 남쪽에 있는 산으로 고도가 해발 2,285m이다. 이 산은 모세 산이라고도 하며 일찍부터 성스러운 산(Holy Mountain)으로 알려졌다.

광야에서 양을 치던 모세가 이 산에 올라 이스라엘 백성을 구출하라는 떨기나무 가운데서 들리는 하나님의 음성을 듣고 소명을 받은 다음, 이스라엘 백성을 구출해내고 다시 이 산에 올라와서 하나님으로부터 십계명을 받았다는 유명한 산이다. 성경 출애굽기 24장 12절 말씀을 따르면, "여호와께서 모세에게 이르시되 너는 산에 올라 내게로 와서 거기 있으라. 너로 그들을 가르치려고 내가 율법과 계명을 친히 기록한 돌 판을 네게 주리라."라고 기록되어 있다. 나는 왜 빌스테이트 창문에 비치는 여명의 아침 햇살을 주저 없이 시내산의 서광이라고 외쳤는지 모르겠다. 그렇다고 내가 시내산을 가본 것도 아니다. 그러나 내게 시내산은 성스러운 산으로 마음속에 각인되어 있었고, 그 산 꼭대기에 하나님의 임재가 영광으로 맹렬히 타오르는 강렬한 불꽃으로 눈부셨다는 신앙이 잠재적으로 자리하고 있었음이 확실하다. 지금 나는 이곳으로 이사 온 첫날밤을 지낸 그 감격을 잊을 수가 없다. 날마다 성전 안에 사는 느낌이고 하나님의 가호 아래 사는 가슴 벅찬 보금자리에 사는 느낌이다.

〈2012.6.27.〉

제3부

격세지감

이래도 되는가?

내가 어렸을 적에 아버지는 쌀을 가리켜 여든여덟 번 손이 가야 생산된다고 하셨다. 한자 쌀 미米 자가 八十八로 구성된 것을 놓고 그렇게 말씀하셨다. 정확히 그렇게 손을 써야 하는 것은 아닐지라도 여러 차례 신경 써서 가꾸어야 한다는 뜻일 게다. 아버지는 또 누렇게 익어가는 들판의 벼를 가리키며 저 많은 쌀이 다 사람 입으로 들어간다고 하셨다. 그러면서 사람이 소보다도 더 먹는다며 사람 입이 참으로 무섭다고도 하셨다.

나는 농촌에 산 사람으로서 벼농사의 처음과 끝이 무엇이고 어떠한 과정을 거치는가를 잘 안다. 옛날 방식대로라면 묘판을 만들어 물대고 볍씨를 뿌리는 일부터 모내기, 김매기를 거쳐 추수하여 도정할 때까지 참으로 많은 노력과 과정이 필요하다. 그 뿐만 아니라 각 과정마다 준비하고 관리하는데 소요되는 일거리와 비용은 또 얼마나 되는지 모른다. 나는 중학교를 졸업하고 한때 상급학교에 진학하지 못하여 농사일을 하면서 지냈다. 짧지만 몸으로 겪은 산 경험이다. 농사라는 게 전업으로 하는 농부에겐 여간 고달프고 힘든 게 아니다. 요즘은 기계화 영농으로 사람의 노동을 기계가 많이 대신하고 있지만 옛날에는 사람이 다 했다.

우리 민족은 반만년의 역사 속에서 벼농사를 지으며 쌀을 주식으로 하며 살아왔다. 따라서 쌀은 민족의 피이자 생명이다. 쌀은 식량이라는 의미뿐만이 아니라 민족의 피와 땀이 배인 산물이자 우리 민족의 삶이고 역사이며 농경문화의 유산이라 할 수 있다.

최근에는 서양식의 식문화가 확산되어 대용식도 다양해지고는 있지만 아직도 여전히 주식은 쌀이다. 농경문화가 뿌리 깊게 자리하고 있고 미맥위주의 농사가 영농의 대부분이다. 쌀이 주식인 만큼 안보 차원에서도 국가는 쌀의 생산과 보호의 막중한 책임을 가진다. 동시에 농민의 주된 소득원이기 때문에 최소한의 소득도 보장 되어야 한다. 옛날 같으면 자급자족했기 때문에 별 문제가 없었지만 글로벌 시대가 되다 보니 쌀 생산 국가가 우리나라뿐이 아니다. 외국의 대규모 기계화 영농으로 대량생산한 질 좋은 쌀이 가격경쟁과 함께 국내 시장을 넘보고 있다. 설상가상으로 관세와 무역에 관한 일반협정(GATT)이 오래전에 체결되었다. 관세장벽과 수출입 제한을 제거하고, 국제무역과 물자교류를 증진시키기 위하여 1947년 제네바에서 미국을 비롯한 23개국이 조인한 국제적인 무역협정이다. 우리나라는 1967년 4월 1일부터 정회원국이 되었고 가입국가가 150 개국에 달한다고 한다. GATT가 국제무역의 확대를 도모하기 위하여 가맹국 간에 체결한 협정내용은 다음과 같다.

① 회원국 상호간의 다각적 교섭으로 관세율을 인하하고 회원국끼리는 최혜국대우를 베풀어 관세의 차별대우를 제거한다. ② 기존 특혜관세제도(영연방 특혜)는 인정한다. ③ 수출입 제한은 원칙적으로 폐지한다. ④ 수출입 절차와 대금 지불의 차별대우를 하지 않는다. ⑤ 수출을 늘리기 위한 여하한 보조금의 지급도 이를 금지한다는 것 등이다.

1986년에는 우루과이 수도 몬테비데오에서 개최된 GATT 각료회의에서 다각적인 무역교섭이 있었는데 각료회의는 이것을 '우루과이 라운드(UR)' 라고 불렀다. 그 뒤 1993년에는 제2차 세계대전 이후 국제통상 질서를 지배해 온 GATT체제가 막을 내리고 이를 계승할 더욱 강력한 세계무역기구(WTO)가 1995년 1월 발족되어 새로운 세계통상의 질서를 담당하고 있다. 현재 WTO는 강력한 제재력을 가지고 있으며 거스를 수 없는 거대한 국제무역의 축이고 핵으로 자리하고 있다. 이에 따라 국가 간에 자유무역으로 활발한 교역을 해야 하는 시대가 된 것이다. 따라서 각국은 국가 간에 체결한 협정도 준수하며 자국의 이익과 보호를 동시에 책임져야 하는 고민이 더 깊어졌다.

쌀시장 개방문제에 있어 진실은 이렇다.

1993년 UR 라운드(신 라운드) 협상 당시 우리나라는 다른 농산품과 다르게 쌀에 대해 특별 품목으로 지정해서 관세화 유예를 10년 동안 유지하게 되었다. 따라서 10년 동안 쌀시장은 개방되지 않았으며 그 대신 의무적으로 외국의 쌀을 정부에서 구입하여 원조라든가 일부 가공용으로만 사용하였다. 그로부터 10년이 지나고

2004년 다시 쌀에 대해 미국, 중국, 캐나다, 태국 등과 협상하게 되었다. 정부에서는 당시 시장개방은 불가피했기 때문에 관세화 유예 조치를 취했다. 그러나 해마다 의무 수입물량을 늘려야 하고 2015년에는 약8%까지 늘리게 된다고 한다.

또한 올해부터는 수입물량의 약 10%정도를 시장에 풀어야 하며 점차 그 양도 늘려야 한다. 그렇게 되면 저가 물량공세로 들어오는 외국 쌀에 경쟁하여 우리 쌀의 가격이 하락할 것이고 농가 소득은 계속 줄어들게 되어 영농구조가 취약한 영세농민은 고사 지경에 이를 것이 뻔하다. 국제사회에서 강대국들에 밀려 살아남기 위한 약소국이 몸부림쳐야 하는 처절함이 녹아나는 대목이다. 어느 시대 어느 사회에서나 불변의 약육강식이 사라지지 않는다는 것을 실감하게 된다.

최근 정부는 올해 말로 쌀 관세화 유예가 끝난다며 내년부터 쌀 시장을 전면 개방할 방침이라고 밝혔다. 쌀 시장 개방 문제와 관련해 정부는 각계의 의견을 모아 신중하게 접근해서 결정했다고 했다. 9월까지 세계무역기구(WTO)에 내년부터 쌀 시장을 개방할 것인지 여부를 통보해야 한다고 한다. 정부로서도 어쩔 수 없는 고육지책임을 안다. 그러나 농민들은 정부에게 납득할 만한 조치를 내놓으라고 압박하고 있다. 농민의 절박하고 피맺힌 울부짖음도 안다. 정부는 쌀 관세화를 유예하는 것보다는 시장을 개방하는 것이 최선이라고 주장하고 있다.

간밤에 TV에서 트랙터를 이용하여 자라고 있는 멀쩡한 논의 모를 갈아엎는 장면을 보았다. 농림축산식품부 장관을 상징하는 허수아비를 태우는 화형식을 갖기도 했다. 전국농민회총연맹 전북도연맹 농민회원들이 쌀 개방에 반대하여 익산시 춘포면 덕실리에서 가진 집회였다. 나로서는 참으로 큰 충격이었다. 이튿날 아침 신문을 보니 1면에 사진과 함께 그 내용이 대서특필로 보도 되었다. 비단 우리도만 있는 일이 아니었다. 충북도연맹도 논에 심어진 모를 갈아엎었다. 정부의 납득할 만한 조치가 없으면 논 갈아엎기를 이어간다는 입장이라고 했다. 나는 이럴 수가 있을까 하는 생각과 함께 참담한 심정을 감출 수 없었다.

나도 농민의 아들이고 농촌에서 뼈가 굵은 사람이다. 농촌의 실정과 농민의 아픔을 어느 정도는 이해한다고 자부한다. 뿌리가 그래서인지 항상 농민의 입장과 편에서 생각하고 응원하고 있다. 목숨처럼 소중하고 자식처럼 애지중지 키워온 벼를 오죽하면 갈아엎겠는가 하는 농민의 막다른 절규와 심정은 충분히 이해하고도 남는다. 그러나 여기서 우리가 숨을 돌려 한번 생각해볼 일이다. 간절하다고 하여 주의주장과 같은 요구사항이나 의사를 극단적인 방법으로 전달하지 않으면 안 되는가를…….

농업은 농민의 주업이고 유일한 생계수단이다. 그중에서도 쌀은 피와 살을 만들고 생명을 유지시켜 주는 우리의 주식이다. 그런 벼를 갈아엎는 방법으로 농민의 입장을 나타내고 의사를 전하는 것은 모순일 수 있다. 벼를 갈아엎는 방법이 유일한 방법은 아닐 것이다. 목숨처럼 소중하기 때문에 진정으로 더 귀히 여기고 다루어야 한다고 생각한다. 그렇기 때문에 다른 방법으로 행사했어야 한다고 본다.

최근 우리 사회가 여러 분야에서 극단적인 수단과 방법으로 실력을 행사하는 경우가 많아졌다. 세상사를 꼭 자기 생각과 주장대로 되지 않으면 틀린 것이라 부정하고 반대한다. 걸핏하면 찌르고, 죽이고, 불 지르고, 뛰어내린다. 온통 나라가 머리띠를 매고 단체 행동하는 모습인 것 같아 씁쓸하다. 더 성숙하고 발전하는 민주주의 과정인지는 모를 일이다. 우리 사회가 어쩌다 이렇게 극악으로 치닫게 되었는지 생각해 보고 고민해야 한다. 사회 안정의 측면에서 매우 우려되는 바다. 나도 있고 상대가 있어야 사회가 있다. 남의 것도 내 것처럼 소중하다. 남의 의견도 존중되어야 한다. 내 뜻과 맞지 않는다고 옳지 않은 것은 아니다. 중용과 절충이 어우러져 세상은 움직이고 돌아간다. 이래도 되는가? 〈2014.8.3〉

22억 원짜리 점심식사

내가 만일 '누가 식대를 부담하고 나와 함께 점심 식사 할 사람은 신청하시오.' 라는 광고를 냈다면 사람들의 반응은 어떠할까? 말할 것도 없이 '별 미친놈이 다 있네.' 일 것이다. 신청은커녕 오히려 내가 지인을 상대로 식대를 부담할 것이니 시간 있겠냐고 정중히 요청해도 자기의 일정을 검토한 뒤에 여부를 알려줄 것이다.

그런데 미국의 워렌 버핏과 더불어 점심식사 한 끼를 하는데 무려 22억 원을 부담하겠다는 사람이 나타났다.

워렌 에드워드 버핏(Warren Edward Buffett, 1930년 8월 30일 ~)은 미국의 기업인이자 투자가이다. 뛰어난 투자실력과 기부활동으로 인해 흔히 '오마하의 현인' 이라고 불린다. 재산과 투자 활동 전문지인 《포브스》지는 2010년 기준으로 버핏 회장을 세계에서 3번째 부자로 선정하였다.

어린 시절 미국 네브래스카 주 오마하에서 사업가이자 정치인인

하워드 버핏과 라일라 부부의 세 자녀 중 둘째로 태어났다. 최종학력은 컬럼비아 경영대학원 경제학 석사이고 직업은 버크셔 해더웨이(Berkshire Hathaway) 이사회 회장 겸 최고경영자(CEO)다. 가족으로는 전 부인의 사망으로 두 번째 부인인 아스트리드 멘크스와 세 자녀가 있다. 순자산은 400억 달러이고 15년 넘게 친구인 빌 게이츠의 재단에 재산의 85%인 370억 달러를 기부하겠다고 밝힌 바 있다.

빌 게이츠 (William Henry Gates III, Bill Gates)는 미국의 기업인으로 1955년 10월 28일생이다. 미국 시애틀에서 출생하였으며 소속사인 마이크로소프트의 기술고문이다. 학력은 하버드 대학교 법학과 중퇴다. 우리 식의 정서로는 나이가 친구일 수는 없지만 추구하는 이념과 뜻이 같은 맥락에서 친구일 게다. 버핏은 2007년에는 21억 달러 상당의 주식을 자선단체에 기부하였으며 빌 게이츠와 함께 전 세계의 부자들을 만나 기부를 권유하는 등 기부문화 확산에 앞장서고 있다. 1956년 100달러로 주식투자를 시작하여 세계 최고의 부자 반열에 오른 그는 별명이 '투자의 귀재.' '투자의 달인' 등이다. 1965년에 인수한 버크셔 해더웨이는 미국 네브래스카 주 오마하에 본사를 두고 있는 다국적 지주회사다. 주력 사업은 보험업으로 그 외에 보석, 가구, 식품, 제조업체 등을 소유하고 있다. 버핏 회장은 국내 유일의 버크셔 해더웨이의 완전 자회사인 대구텍(TaeguTec)을 방문하기 위해 2007년 처음 방한하였다. 버핏은 포스코의 주식 4.5% 정도를 보유하고 있다고 밝힌 바 있다.

올해로 16년째인 버핏과의 점심식사가 216만 6,766달러(약 22억

1400만 원)에 싱가포르 남성 앤디 추아에게 낙찰됐다. 작년보다는 두 배 이상 높은 가격이라고 하지만 역대 최고 낙찰가 345만 6,789만 달러(2012년)에는 못 미친다고 미국 경제매체 CNBC가 보도했다.

낙찰자는 뉴욕 맨해튼의 스테이크 전문점인 '스미스 앤드 월런스키' 에서 지인 7명을 초청해 세계 1위 부자 워렌 버핏과 함께 점심 식사를 하게 된다.

올해 버핏과의 점심식사에 낙찰된 앤디 추아는 식당에서 워렌 버핏과 3시간 가량 점심식사를 하며 이야기를 나누게 된다. 점심식사를 하는 동안 추아는 버핏 회장에게 '앞으로 어디에 투자할 것인가' 라는 질문을 제외하고 모든 질문을 할 수 있다고 글라이드 재단측은 밝혔다.

버핏과의 점심식사 경매는 1999년부터 시작되었다. 2000년부터 지금까지 워렌 버핏 회장은 점심 식사 경매를 통해 얻어진 낙찰금 모두 1천600만 달러(164억)를 샌프란시스코에 위치한 노숙자를 위한 자선재단(빈민구호재단) '글라이드' 에 기부하여왔다고 한다.

한 끼 식사대가 천문학적인 금액이 들어간다는 데에는 말이 안 된다. 상식적으로는 이해되지 않는 일이 벌어지고 있는 것이다. 기발한 아이디어가 잘 맞아떨어져 성공하고 있다. 그러나 우리는 이 엄청난 금액이 단순히 식대가 아님을 다 안다. 낙찰자뿐만 아니라 입찰에 응찰한 모든 이는 전설적, 신화적으로 투자에 성공한 버핏을 만나서 어떻게 하면 성공적인 투자를 하여 치부할 수 있을 것인가의 조언을 듣고자 엄청난 출혈도 감수하는 것일 게다. 이러한 생각 또한 보통 사람들의 예상이다. 우리가 생각건대 짧은 만남 동안 보통 사람은 모르는 버핏만의 투자비법을 전수 받으려고 계획적이고 밀도 있는 온갖 질문을 할 것 같은데 실제로는 가족이나 기부활동에 관한 질문이 상당히 많다고 한다. 2007년도에 낙찰된 미국의 투자펀드회사 운영자인 가이 스피어는 "마지막 1원까지도 아깝지 않은 식사였다."고 말할 만큼 버핏과의 만남을 만족해했다. 또 펀드 회사 매니저인 모니시 파브라이는 "버핏의 운용방식에 따라 투자해서 거액을 벌었다"며 버핏에게 감사하다고 했다.

워렌 버핏이 말하는 성공을 위한 10계명을 보면 다음과 같다.

1. 이자를 재투자하라.

원금에 붙는 이자는 작지만 그것이 쌓이고 쌓여 그 이자에 이자가 붙는 복리의 힘은 어느 투자원칙보다 강력한 힘을 가지게 된다.

2. 달라져라.

같은 물건을 똑같이 만들어 내고 같은 서비스를 똑같이 한다면 현재로써는 그것이 통할지 모르지만 결국에는 차별된 제품과 서비스 그리고 다른 이력을 가진 사람에게 밀리게 된다.

3. 손가락만 빨고 있지 말아라.

가만히 기다리고만 있지 말고 스스로 기회를 찾아 나서고, 또 기회라는 판단이 선다면 과감하게 행동해라.

4. 거래 전에 계약서를 꼼꼼히 살펴봐라.

거래를 하거나 계약을 하기 전엔 계약서를 꼼꼼히 살펴봐야 한다.

세부사항을 확인하지 않고 계약서를 작성할 경우 나중에 큰 피해가 생길 수 있으며 부자가 되기 위해선 기본을 잘 지켜 불필요한 손해를 봐선 안 된다.

5. 작은 지출을 조심하라.

비용이 모이고 모여서 큰 손실이 될 수 있다.

자신도 모르게 새어나가는 작은 지출도 잘 관리해야 한다.

6. 빌리는 데 한계를 둬라.

소위 말하는 '레버리지 효과(Leverage Effect:부채를 이용해 투자함으로써 수익이나 손실의 규모를 부채를 사용하지 않았을 때보다 크게 키우게 되는 것을 의미한다)' 를 통해 남의 돈을 이용해 적은 돈으로도 큰 이익을 높일 수 있다. 하지만 남의 돈을 이용(빌림)하는 데는 분명 제한을 둘 필요가 있다.

7. 끈질기게 밀어붙여라.

성공한 사람 중 끈기가 없었던 사람은 없다. 하고자 하는 일이 있다면 이를 끝까지 밀어붙여야한다. 끈기 없이 쉽게 포기하면서 큰 성공을 이루고자 하는 건 욕심일 뿐이다.

8. 그만둬야 할 때를 알아라.

사람은 성공을 하고 있을 때도 실패를 하고 있을 때도 자신이 멈춰야 할 시기를 알아야 한다. 지나친 욕심과 자만심에 계속 나아가다보면 더 큰 실패를 겪게 된다.

9. 위험을 평가하라.

앞으로 닥칠 수 있는 여러 가지 시나리오를 생각해보고 이에 대처할 수 있는 방안을 미리 마련해둔다면 위험을 최소화 시켜 위기를 기회로 맞이할 수 있다.

10. 무엇이 진정한 성공인지 알아라.

수많은 사람들이 그를 존경하고 높이 보는 이유는 스스로 진정한 성공의 기준을 세우고 가치관을 확립하기 때문이다.

버핏은 또 성공을 위한 지혜로 다음 6가지를 꼽는다.

1. 자신을 행운아로 생각하라.

2. 정말로 사랑하는 일을 하라.

3. 현명한 동료를 사귀어라.

4. 스스로 판단하고 인내하라.

5. 이미 이루어졌다고 믿어라.

6. 베풀며 검소하게 살아라.

많은 사람들이 왜 그렇게 거액을 내고 버핏을 만나려고 할까? 그것은 아마도 성공한 투자의 기법을 배우려는 목적도 있겠지만 그보다도 그가 지닌 사회를 바라보는 따뜻한 마음과 인생에 대한 올바른 가치관에 매료되었기 때문인지도 모르겠다. 실제로 그는 "재산의 대부분을 기부하겠다고 밝혔을 때가 내 인생에서 가장 행복한 순간이었다."고 술회하고 있다. 앞서 밝힌 대로 그의 성공투자에 관한 얘기는 이미 세상에 공개되었다. 따라서 그를 굳이 만나지 않아도 그가 밝힌 투자기법은 알 수 있다. 그럼에도 그를 만나고자 하는 것은 버핏의 인간 됨됨이에 더 큰 관심이 있지 않았는가 생각한다.

우리는 어느 한 분야에서 그렇게 성공적인 삶을 살 수 있을 것인가? 많은 사람이 버핏을 타산지석으로 삼으려 한다.

수십억 원을 들여서라도 그와 함께 자리를 하고 마주보며 식사하고 싶은 사람이 많다는 것은 버핏의 삶이 세인의 관심과 존경을 한몸에 받고 있다는 방증이다.

신화 같은 사실이 마냥 부럽고 아름다울 뿐이다.

〈2014.6.12.〉

구멍 뚫린 가슴이 되어

-라대곤 회장님 3주기 영전에 부침-

내가 라대곤 회장님을 처음 뵌 것은 내게 문인의 자격을 공식적으로 부여하는 자리에서였습니다. 염천지제였던 2005년 7월 30일에 있었던《수필과비평》에서 신인상을 시상하는 자리였습니다. 엉겁결에 문학평론가이자 방송, 영화평론가인 장세진 선생님의 추천으로 어설픈 글 몇 편을 응모한 게 용하게도 심사위원님들의 비위에 거슬리지 않았던가 봅니다. 그 바람에 등단이라는 영광과 무거움을 안은 채 사랑하는 아내와 딸들을 대동하고 대구 수성호텔로 비지땀을 흘리며 달려갔었습니다. 그때는 문단계의 정황이나 물정도 전혀 모르고 그저 다소 들뜬 마음뿐이었습니다. 여러 내빈의 축하와 주옥같은 격려의 말씀이 끝나고 신인상을 시상하는 순서가 되었습니다. 촌닭 관청에 온 것처럼 낯선 나는 시상자가 누군지 몹시 궁금했었습니다. 회장님은 그다지 크지 않은 키에 머리숱이 비교적 많았습니다. 첫눈에 보아도 정중하고 너그러운 모습이었고 포근하고 평안을 느끼게 하는 얼굴이었습니다. 또한, 짙은 눈썹은 장군이나 큰 조직의 수장(?) 같아 보이기도 했습니다. 그렇지만, 축하와 격려의 말씀을 하실 때는 더없이 차분하고 다정다감한 목소리였습니다. 권위적인 면은 찾아볼 수도 없고, 격식이나 절차를 따지지 않으며 부드럽고 친근감 넘치는 맏형 같아 보였습니다. 역시 그때 제가 느낀 바대로 한 번 만나면 누구라도 금방 가족처럼 따뜻함을 느끼게 하는 분이 라 회장님이었습니다.

그날 이후로 나는 라 회장님을 문단계의 사표로 여기고 지도와 편달을 받고 싶어졌습니다. 큰형님처럼 모시고 기대고 싶었습니다. 그 때문에 이따금 소식을 주고받으며 지냈습니다.

그러던 어느 날, 안도 당시 국제 펜 전북본부 회장님으로부터 '전북 펜 문학상' 수상자로 뽑혔다는 전화를 받았습니다. 문단에 나와 상을 받으리라는 생각을 해본 적이 없었습니다. 전혀 기대하지 않았던 뜻밖이었습니다. 정말 깜짝 놀랐습니다. 안도 회장님도 일면식이 없는 터이고 국제펜클럽 회원도 아니며 그런 상이 있는지도 몰랐기 때문입니다. 그런데 소문을 들은 라 회장님께서 맨 먼저 그럴 줄 알았다면서 따뜻한 축하와 격려를 해주셨습니다. 그때만 해도 다소 서먹한 관계였는데 말입니다. 라 회장님의 성정이 그대로 드러나는 대목입니다. 당시 나로서는 큰 격려가 되었을 뿐 아니라 고마웠습니다.

그 후로 마음에 걸리는 라 회장님과의 만남이 한 번 있었습니다. 퇴직 후 골프를 배우는 중에 모 골프장에서 회장님을 만났습니다. 반갑게 손을 잡으며 언제 같이 운동 한 번 하자는 거였습니다. 계면찍어 "알겠습니다."라고 스치듯 건성으로 답해놓고 그 약속을 끝내 못 지켰습니다. 그렇게 쉽사리 가실 줄 알았더라면 만사 제쳐 놓고 모셨어야 했는데 말입니다.

앞으로 살면서 맞는 매해 4월 15일은 내겐 별로 유쾌하지 않은 날이 될 것입니다. 2013년 4월 15일 때문입니다. 그날은 라 회장님이 저승으로 가신 날이기 때문입니다.

암과 당뇨로 투병하고 계신 줄은 알았지만, 그렇게 허망하게 서둘러 가실 줄은 몰랐습니다. 몇 해 전에 아드님의 결혼식 날 뵈올 때 다소 창백하고 파리해지신 모습을 보고 속으로 방정맞은 염려가 있긴 했었습니다. 산과 들엔 새봄이라고 흐드러진 꽃과 싱그러운 초록으로 한창 단장하고 있을 즈음에, 황홀한 볼거리를 남아 있는 사람의 몫으로 하고 홀연히 떠나셨습니다.

라 회장님이 저승으로 가신 그날, 비보를 듣고 군산까지 차를 운전하고 가면서 온갖 생각이 다 들었습니다. 가속기를 밟는 다리에 힘이 빠지고 핸들을 잡은 손의 맥이 여러 번 풀리기도 했습니다. "왜 이제야 오느냐?"고 다소 섭섭한 말씀을 하시는 듯했습니다. 그저 죄송하고 미안한 마음뿐이었습니다.

저세상으로 들어가는 순서는 이 세상 사람들이 생각하는 기준과 다른 가 봅니다. 그 사람은 아니고, 아직은 아닌 사람이 먼저 불려가는 것을 보면 확실히 차이가 있어 보입니다.

아무리 섧고 애석해도 이제는 어쩔 수가 없습니다. 우리 곁을 마지못해 떠나신 지도 3년이 지났으니 저승에서의 삶도 조금은 설지 않을 것 같습니다.

하지만, 해가 더할수록 이승에 남은 우리는 그리움만 더해갑니다. 저승에서도 아무나 오라고 청하시고 더 베풀지 못하여 아쉬워하며 지내시겠지요? 그 성품 그 성미 어디로 가겠습니까? 서재의 창문을 따스한 햇볕이 내리쬐는 양지쪽으로 내고 앉으셔서 넘치는 해학과 유머로 저승 사람들의 심금을 울리고 계시겠지요? 회장님이 쓰신 소설의 제목처럼 이승의 '굴레' 를 벗으시고 우리와의 '아름다운 이별' 로 연을 간직 하소서. 나는 아직도 심장이 떨어져 나간 것처럼 구멍 뚫린 가슴으로 남아 있습니다. 회장님 생각만 하면 멍해지곤 합니다.

사람은 죽어 이름을 남긴다 했듯이 회장님의 이름은 불사조처럼 우리 가슴에 남아 영원히 대대로 전해질 것입니다. 그 크고 보폭 넓은 족적이야말로 길이 지워지지 않을 것입니다. 누군들 회장님의 가신 길을 외면할 수 있겠습니까? 이제 무거운 짐 내려놓으시고 깊은 잠 편히 드시옵소서. 그리워지고 보고 싶습니다.

〈2016.5.25.〉

4773호 이야기

휴가철이이라서 미리 예매하기를 참 잘했다. 터미널에 나와 보니 하루 전 예약 때와는 달리 이미 표가 매진되어 기다리는 사람이 줄을 서 있었다. 엄마도 함께 올라오라는 둘째 딸의 명령(?)을 뿌리치지 못한 아내와 오후 3시 고속버스를 탔다. 규정이 바뀌었는지 에너지 절약 때문이지 출발 직전이 되어서야 차가 홈에 들어왔다. 미리 시동을 걸어 예비냉방을 시켰으면 하는 바람은 허사였다. 조금이라도 늦게 오르려고 승강구에 서 있는데 안 타고 뭐하냐고 검표원이 채근했다. 말이 떨어지기가 무섭게 잽싸게 차에 올라 자리에 앉았다. 밖의 기온은 예보된 33℃보다 훨씬 웃돌 것 같았다. 버스 안은 더할 수밖에 없어 단번에 부딪는 훈김이 장난이 아니다. 심란했지만 곧 시원해지겠지 생각하고 안전벨트를 매었다.

버스는 10분 정도를 달려 전주 톨게이트를 빠져나갔다. 버스 안은 에어컨 바람소리로 요란했다. 그 기세라면 수분 내에 더운 공기를 시원하게 만들 만했다. 그러나 나의 예상과 승객의 기다림과는 상관없이 좀처럼 더위가 가시지 않았다. 승객은 정원을 다 채워서 버스는 만원이었다. 출발한 지 20여 분쯤 지나면서 차 안 여기저기서 승객의 볼멘소리가 흘러나오기 시작했다.

"기사님! 시원한 바람이 안 나와요."

"에어컨이 고장난 거 아닌가요?"

버스 기사는 곧 시원해질 터이니 조금만 기다려 보라고 했다. 승객은 힘들지만 인내를 발휘하고 있다. 그 사이 버스 안은 찜통이 되어 간다. 옛날 버스처럼 차창을 열 수도 없는 게 요즘 고속버스다. 밀폐된 컨테이너 박스나 다름없게 되어가고 있다. 아마 40℃에 육박할 것 같다. 기사도 공감하는지 도로변 여유 공간을 찾아 버스를 세우고 그 나름대로 점검을 했다. 그러나 뾰족한 대안이 없는 듯 고개만 갸우뚱하고 다시 차를 운전했다. 승객은 모두 기사의 일거수일투족에 초점이 모아졌다. 그러나 아무런 설명도 없이 기사는 운전만 하고 있다. 더는 못 참겠다는 아우성이 차안 여기저기서 이구동성으로 나온다.

"사전에 충분히 점검했어야지 이게 뭡니까?"

"빨리 차를 바꿔야지 이대로는 못 갑니다."

그래도 기사는 별다른 설명을 내놓지 않았다. 인내가 한계에 이르고 있었다. 화가 치밀어 왔다.

나는 누구보다도 여름이면 죽을 맛이다. 보통 사람은 나를 절대로 이해 못한다. 몸에서 나오는 땀이 아예 땀이 아니라 물이 솟는다. 아무리 얇고 다공의 천으로 만든 옷도 소용없다. 옷은커녕 실오라기 하나라도 걸치지 않는다 해도 해결이 안 된다. 거기다가 한 번 땀이 나기 시작하면 정신 못 차리게 계속해서 난다. 심할 경우 시원한 조치를 취하지 않으면 상의는 물론 신발 속까지 흥건하게 고인다. 이른 바 다한증, 그것도 아주 중증의 다한증 환자다. 공직 시절 한여름에 공식행사가 있어 정장차림을 할 때는 정말 난감한 때가 한두 번이 아니었다. 한 번은 이런 일이 있었다. 도청 국장 때의 일이다. 시골 모정에서 마을 주민들과 좌담과 설명을 하는 행사였다. 요즘은 에너지 절약 차원에서 공직자도 노타이 차림이 허용되고 있지만, 그때만 해도 그러지 못한 때였다. 주민 수십 명과 내가 좌장이 되어 모정에 앉아 사업 설명을 하고 대담과 토론을 하느라 상당한 시간이 흘렀다. 정장차림으로 맨 앞에 앉아 회의를 주관하고 일어서려는 참이었다. 느낌이 이상하여 앉았던 자리의 바닥을 보니 흥건히 젖어 있는 게 아닌가. 순간 얼마나 난감했는지 모른다. 영락없이 오줌이나 싼 것 같았다. 어쩔 줄 몰라 앉은 채로 동석한 주민들께 나의 병적인 다한 현상을 설명하며 변명 아닌 해명을 하며 이해를 구하여 위기(?)를 모면한 적이 있었다.

이런 정도인 나는 이미 상의인 티셔츠가 다 젖은 것도 모자라 아랫도리까지 젖기 시작했다. 그러는 사이에 버스는 여산휴게소에 이르렀다. 차를 세운 기사는 전주에서 다른 차를 보내라고 했으니 이곳에서 기다렸다 갈아타라고 했다. 어디 일정한 장소에서 기다리면 연락을 주겠다는 게 아니라 버스 안에서 기다리라는 것이다. 어이없는 조치였다. 가마솥이 되어가는 버스 안에서 그것도 몇 십 분을 기다리라는 게 말이 되는가. 말도 안 되는 기사의 상황대처에 승객은 입이 한 자나 튀어 나온 채로 제각기 서둘러 하차하여 휴게소 쪽으로 향했다. 휴게소 식당 안이다. 나는 서둘러 에어컨이 있는 쪽으로 바짝 다가가 시원한 바람을 쐬었다. 몽땅 젖어버린 티셔츠는 쉽게 마르지 않을 것 같았다. 아이디어가 번득였다. 화장실에서 셔츠를 벗어 짜 입는 거였다. 재빨리 실행에 옮겼다. 다시 에어컨 앞에 섰다. 한결 살 것 같았다. 아내가 앉아있는 자리로 와서 기다리며 땀을 말린다. 동승했던 승객인 듯 아주머니 둘이 옆에 앉아 나를 보고 땀이 그렇게 젖었냐고 묻는다. 그렇다고 하자 혀를 내어 저었다. 나는 속으로 지금은 그래도 많이 마른 것이 이 정도라고 덧붙이고 있었다. 연신 밖의 동정을 살피며 교체되어 온 버스가 도착했는지를 살핀다. 가만히 앉아 눈치를 보니 주변에 앉아 있는 사람 몇몇이 동승한 승객인 성싶다. 기사가 대기 장소를 정하여 일러준 것도 아니어서 승객 각자가 신경 써서 챙겨야 할 일이 되었다. 그 때문에 자주 밖을 내다 볼 수밖에 없다. 나와 가까이 서 있는 어떤 젊은 아주머니가 밖에 나갔다 오더니만 기사가 자기한테 차가 도착하면 연락 주기로 했으니 안심하고 기다리자고 했다. 앞장서 솔선하여 조치를 취한 아주머니가 고맙다. 얼마 후 차가 왔다는 연락이 왔다. 짐을 옮겨 싣고 교체된 버스에 탔다. 승객 모두 에어컨 바람에 신경 쓰는 모습이 역력했다. 그런데 5분도 넘게 기다려도 차가 안 간다. 궁금해졌다. 연유를 묻자 그때서야 승객 한 사람이 안 왔다고 했다. 사람이 여럿이다 보니 엉뚱하게 생뚱맞은 사람도 있었다. 설상가상이었다. 두 번 세 번 찾아 나선 뒤에야 안 탔다는 그 사람이 돌아왔다. 젊은이였다. 승객 모두 짜증이 날 대로 나 있다. 버스는 한 시간 정도나 지연 출발하게 되었다. 처음 탔던 버스 기사는 사과의 말은커녕 코빼기도 안 보였다. 불쾌와 불친절이 극에 달했다. 요즘 같은 세상에 이런 경우도 있구나 하는 생각에 할 말을 잃었다. 말은 안 해도 승객은 모두 불만이 고조되었지만 감정을 억누르고 잠잠하다. 한참을 달렸으나 이 버스 역시 에어컨 바람이 만족스럽지 못했다. 그래도 전 버스보다는 낫다는 데에 위안을 삼고 체념한 듯 들리던 조그만 잡음이 가라앉았다.

마중 나올 승객 친지들의 연락 전화가 차내 여기저기에서 들렸다. 한 시간도 훨씬 지난 뒤에야 서울에 도착했다. 여름날 복중 더위 그것도 가장 덥다는 오후 시간대에 한바탕 폭염과의 전쟁을 치른 것 같았다. 딸네 집에 도착해서 지연 도착한 상황을 설명하면서 차량번호가 4773이라고 했더니 딸이 깜짝 놀라면서 그 차가 상습범이라고 했다. 전에 딸도 그 차가 말썽을 부려 다른 회사 차로 바꿔 타는 과정에서 큰 불편을 겪어서 그 번호를 기억하고 있다고 했다. 우리는 앞으로 가능하면 그 회사 버스를 이용하지 말자고 입을 모았다.

그로부터 일주일 뒤 나는 또 서울 갈 일이 있었다. 아침 첫차인 오전 6시 차를 타야만 했다. 예매하려고 인터넷 예약을 하는데 선택의 여지없이 힘들게 했던 그 회사 버스만 있었다. 하는 수 없이 예약을 하고 이튿날 예약한 버스를 탔다. 차량번호를 보니 4773번이었다. 차가 괜찮을지 걱정이 앞섰다. 먼저 에어컨 바람부터 점검했더니 시원했으나 전날의 악몽이 되살아나는 것 같아 기분이 개운치는 않았다.

〈2014.8.8.〉

예! 알겠습니다

2011년 1월 20일 '2011년 도정 주요시책 추진 전진대회' 란 이름으로 열린 회의는 전북도청 담당 급 이상 공무원 300여 명이 참석하는 확대 간부회의 형식이었다. 전라북도는 2006년부터 해마다 한차례 정도 확대 간부회의 성격의 이와 같은 회의를 열고 있다. 회의의 취지는 도정의 주요 업무를 공유하고 추진의지를 다지자는 것이다. 그런데 이날 진행된 회의를 놓고 말이 많다. 회의 처음부터 일방적인 지시와 무조건적인 복종 형 답변으로 일단락되어 회의의 실효성에 회의적인 사람들이 많기 때문이다. 주요업무 설명자로 나선 과장급 공무원 대부분이 지사의 비위를 맞추려는 듯한 내용으로 일관했다는 것이다. 업무관련 지사의 지적에 대하여 모 과장은 "지사님이 지시한 대로…." 란 말로 말문을 열며 답변했다고 한다. 다른 과장들도 마찬가지로 읍소하는 말투인 "지사님이 말씀하신 대로….", "지사님께서 특별히 지시해서…." 등으로 지사님이란 말을 꼬리표처럼 달고 말했다 한다. 지사의 지적이나 지시사항에 대하여 업무내용을 모두가 이해할 수 있게 논리적으로 설명하려기보다는 지사의 입맛이나 비위에 맞추려는 데에 급급했다는 거다. 이유를 말하고 설명하기는커녕 '예! 알겠습니다.' '그렇게 하겠습니다.' 하는 식으로 그 순간을 모면하고 피하려는 모습이 역력했다고 한다. 한 시간 반 동안이나 걸쳐 진행된 회의가 숨소리조차 들리지 않을 정도로 고요가 흐르는 경직된 분위기였다고 했다. 도정 주요시책 추진 전진 대회라는 주제와 다소 동떨어진 회의가 아닌가 싶다. 우선 회의 주제도 그렇다. 주제의 표현을 문제 삼을 수는 없지만. 이를테면 '다짐 마당', '다짐회의' 등이었으면 하는 생각이다. 이른바 전진대회라면 결정된 업무를 강력하게 추진하겠다는 의지를 다지는 것이다. 그러나 이번 회의는 자기 업무 외의 타 부서 업무를 하나의 도정이라는 큰 틀에서 공유하고 효율적으로 추진하여 성과를 거두자는 뜻의 회의다. 따라서 엄격히 말하자면 전진대회라고는 볼 수 없다. 업무를 공유하고 효율적으로 추진하자는 취지의 회의라면 다른 과장이나 담당들도 업무와 관련하여 질문하고 추진 방법 등에 대하여 건의하는 식의 토론장이 되어야 한다. 이날 설명된 도정의 주요 업무는 이미 관련 실·국별로 지사에게 보고된 업무라고 했다. 그럼에도, 지사는 일방적으로 지적하고 질문하고 핀잔주고 질타하는 것으로 일관하고 설명자는 비위 맞추는 데에만 전전긍긍했다고 한다. 지사와 설명자 이외의 참석자들은 쥐 죽은 듯이 굿이나 보는 방관자적 태도로 일관했고 혹시나 자기에게로 불똥이 튈까 봐 거들려는 생각은 아예 하지 않았다는 거다. 회의 진행방식으로 보면 지사와 설명자가 일문일답식의 마치 청문회 같았고 공개적으로 설명자가 망신당하는 장이었다고 한다. 회의장 분위기도 찬물 끼얹은 것처럼 조용하다 못해 공포의 냉기마저 흘렀다고 했다. 효율적으로 업무를 추진하기 위해서는 많은 사람의 아이디어와 의견을 들어야 한다. 그런데 지적받고 혼만 나는 마당에서 공무원들의 참신하고 창의적인 발상이 나올 리가 없다. 주제와 회의 본질과는 동떨어진 회의 방식은 구시대적이다. 이런 식으로는 공무원들의 자율성과 창의성을 기대하기는 어렵다. 오히려 매사를 우선 모면하고 보자는 식의 면피 행태만 보인다. 전북도의 간부 공무원들도 문제가 없는 것은 아니다. 소신 있게 독창적인 아이디어를 내며 지사의 견해에 대하여 당당히 비판하고 설명하는 용기가 필요하다. 물론 조직 체계상 어려움도 있겠지만, 소신 없이 '예스' 로만 일관하는 태도는 눈치 보기의 전형이 아닐 수 없다. 이날 회의에서는 전북도의 미래 발전을 찾기에는 부족함이 많다는 지적이 적지 않았다고 전북 도내 유력 모 일간지가 보도했다. 특히 도 간부들의 자발적, 창조적 목소리가 들리지 않았다며 회의 운영방식에 대한 개선이 필요하다고 했다. 이와 관련하여 2011년 1월 25일 자 전북일보 19면의 '오목대' 란에 실린 이경재 논설위원의 기고 내용을 보면 이렇다. '"지사님이 지시하신 대로…."가 판치는 조직은 죽은 조직이나 마찬가지다. '예스맨' 이 많거나 상관이 자기 비위 맞추는 걸 좋아하는 습성이 있다면 긍정적인 효과 보다는 부정적인 폐해가 훨씬 크다. 창의성을 찾기 어렵고 일을 그르칠 때 조직 전체가 화를 입는다. 책임도 최고 책임자한테

직접 전가되고 조직도 겉 다르고 속 다를 수밖에 없다.'

이 논설위원의 지적처럼 조직의 성패가 리더나 조직원 모두에게 달린 것이다. 그중에서도 리더의 역할이 더 중요하다. 리더의 역량이나 참신성, 의지가 조직을 살리고 죽일 수 있다. 리더는 조직의 길잡이다. 조직의 방향키를 잡고 어디로 어떻게 이끌 것인가는 전적으로 리더가 할 일이다. 리더가 지향하는 조직 목표에 조직원이 하나 되어 동참케 함으로써 성과를 내는 것도 리더의 책임이다. 공동의 조직 목표를 달성하려면 리더가 참신해야 하고 시대감각에 맞게 변화되어야 한다. 구시대적인 방식과 행태로는 조직원의 공감을 얻지 못한다. 리더가 먼저 솔선하고 앞장서서 이끌어야 한다. 인내를 가지고 조직원을 설득하고 칭찬하고 사기를 북돋아 주어야 한다. 명령이나 지시, 질책은 조직 관리에서 금물이다. 지난해 11월 전북도 의회 유창희 의원은 전북도청 공무원 459명을 상대로 설문 조사를 했다. 이 조사 결과에 따르면, 전북도청 공무원들은 빈번한 회의 및 회의자료 작성, 불필요한 문서 생산 등으로 심적 압박감과 함께 심신의 피로를 겪는 것으로 나타났다. 또, 이틀에 하루꼴로 야간 근무를 하는 공무원이 절반이 넘는 것으로 조사되었다. 이 때문에 가족관계가 소원해지고 무력감과 의욕 상실까지 호소하고 있다고 했다. 공무원들은 평일 야근과 휴일 근무를 밥 먹듯이 하며 정시 퇴근을 권장하는 가족의 날조차도 정시 퇴근은 어렵다고 했다. 업무의 효율성을 저해하는 가장 큰 요인으로는 빈번한 회의 및 관련 자료 작성 때문으로 나타났다(30.5%). 또, 불필요한 문서생산(13.8%), 보고서류 작성 시 간부들의 잦은 수정(12.8%), 억지 실적 작성에 따른 시간 소요(11.2%) 등으로 조사되었다. 공무원들의 90% 이상이 매월 1~7회 이상 휴일 근무를 한다고 했으며, 평일 야근과 휴일 근무를 하는 이유로 37%가 회의자료 준비 및 보고서류 작성이라고 응답했다. 지금의 근무환경과 조직 문화가 창의적인 일을 할 수 있는 여건인지를 묻는 설문에 대하여 부정적인 응답자가 65.3%에 이르렀고 긍정적 응답자는 12.1%에 불과했다. 유 의원의 설문 조사에서 전북도청 공무원들의 현주소가 여과 없이 드러났다. 도정 행태가 완전히 본말이 전도된 것이다. 도민의 소득 증대와 삶의 질을 높이는 데에 마땅히 도정의 초점이 맞춰져야 한다. 또한, 창의적이고 효율적인 업무추진을 놓고 고민해야 함에도 엉뚱하게도 회의나 회의관련 일에 매달리고 있다면 큰 문제가 아닐 수 없다. 사실상 유 의원의 이번 조사 결과는 이미 오래전부터 예견된 것이었다. 실로 충격이 아닐 수 없다. 더 큰 문제는 이러한 분위기가 이미 만연되어 있음에도 개선되지 않고 있다는 데에 있다. 지금이 어떤 세상이고 어느 시대인데 개인회사도 아니고 권력기관도 아닌 지방자치단체에서 구태의연한 행태가 엄존하고 있단 말인가? 불행한 일이다. 전북 도민이 불행해질 수 있다. 행여 전북도가 권위주의 시대로 회귀하는 것은 아닌지 하는 염려를 떨쳐 버릴 수가 없다.

〈2011.2.25.〉

구관이 명관

"나는 구관이 명관이란 말을 제일 싫어합니다." 십수 년 전 내가 전북도청에 근무할 때 당시 ㅇ지사가 한 말이다. 마치 검증되거나 공론화 된 것처럼 잘라서 당당하게 말했다. 그 말을 들은 나는 머릿속이 복잡해졌다. 도저히 이해되지 않았기 때문이다. 소위 말하는 경륜이나 노하우를 인정하지 않겠다는 뜻이었다. 그가 주장하는 이유나 설명을 거두절미하고는 납득할 수 없었다. 미국에서 상당기간 살면서 보아온 미국 사회의 정서가 그런지는 몰라도 보수적인 나로서는 받아들이기가 쉽지 않았다. 한 나라에는 역사와 전통이 있고 한 민족에게는 뿌리가 있으며 그 민족만이 가지는 특성, 혈통, 정서가 있다. 그 뿐만 아니라 한 가정에도 조상의 뿌리가 있고 대대로 내려오는 전통과 가통이 있다. 특히 유교문화가 오랫동안 지속돼온 우리나라 정서로는 경륜과 노하우가 중시되고 있는 게 사실이다. 그런 환경의 지배를 받고 자란 나로서는 선뜻 동의할 수 없는 발언이었다.

그 무렵 우리 사회에는 유달리 뿌리 찾기 운동이 확산되고 있었다. TV 등 각종 매스컴을 통하여 의도적인 계몽을 하는 양상이 눈에 띄게 많았었다. 아마도 물질문명이 고도로 발달되어감에 따라 근본과 기본이 무시되는 경향이 있어 원칙과 기본을 다시 추슬러 바로 잡자는 의도였을 것이다. 새삼스레 국내외 유명 인사들의 뿌리를 찾아 조명함으로써 뿌리의식을 고취시키는 분위기였다. 오랜 세월 동안 조상 대대로 수많은 노력과 시행착오 끝에 습득하고 발견한 삶의 지혜야말로 무엇과도 대신할 수 없는 소중한 것이다. 온갖 풍파 다 겪으며 삶의 파도를 헤쳐 나온 체험 또한 얼마나 값진 자산인지 모른다. 또한, 위계질서도 없이 성과나 능력만을 평가하여 우대하는 사회는 하나는 얻을지 몰라도 보이지 않는 다른 많은 것을 잃을 수 있다. 그렇지 않아도 글로벌 세계 속에 외국의 문물이 무분별하게 여과 없이 흘러들어와 사회적으로 많은 부작용을 낳고 있는 터에 전통과 경륜을 저버리는 듯한 ㅇ지사의 발언은 적절치 못해 보였다.

나는 평소에 덕망 있고 출중한 가문의 가통을 이어 내려온 가정을 볼 때마다 참으로 부러워했다. 조상 대대로 명망이 있는 집안의 후손을 보면 저절로 기가 죽을 정도로 의기소침하기까지 했었다. 다른 사람보다 유달리 과잉반응을 한 것 같다. 할아버지 할머니의 얼굴도 모르지만 아버지마저 독자여서 도대체 가통은커녕 근친 집안도 없었다. 가난 또한 대물림해서 호구지책이 어려운 판에 가문과 가통은 너무나 동떨어진 타령이었다. 그 때문인지 내 마음에는 나부터라도 가통을 만들고 세워야겠다는 생각이 늘 맴돌았다. 내 나름대로 내가 출발점이 되어 본이 되는 가정 만들기를 시작하리라는 생각으로 가득했었다.

이미 30대 초반부터 오랜 생각 끝에 내 삶의 지표인 좌우명과 가훈을 정하여 실천하고 있었다. 좌우명과 가훈은 먼저 나 자신을 구속하고 추스르자는 의도와 각오가 다분했다. 좌우명과 가훈은 가장으로서 공개적으로 공표한 이상 나를 그 방침에 묶어 넣는 것이었다. 가훈을 정한 것은 결혼 후 아내와 더불어 가정을 꾸리면서 태어나는 아이들에게 어릴 적부터 훈육할 요량에서였다.

불혹의 나이가 되면서는 우리 가정만의 노래를 만들었다. 내가 작사를 하고 두 딸이 작곡하여 동요 형식의 정겨운 노래를 만들었다. 노래 제목이 '사랑이 샘솟는 우리 집' 이다. 나는 그 노래를 가가家歌라 명명했다. 가히 세계적이고 세상에서 하나밖에 없는 노래다. 그 무렵 가족회의도 시작하였다. 매월 20일날을 가족회의의 날로 정하여 정기적으로 실시했다. 그날은 온 식구가 다 모인다. 가족 중 연고가 생기면 시간을 조정해서라도 꼭 함께했다. 가가인 사랑이 샘솟는 우리 집은 가족회의의 시그널 뮤직이었다. 미리 피아노 반주에 맞춰 온 가족이 노래 부른 것을 녹음해 두었다가 가족회의 행사 시 신호음악으로 활용했다. 회의는 제법 격식도 있었지만 자유롭게 토론 형식으로 진행하여 가족애를 돈독하게 하는 효과도 있었고 격의 없는 대화의 장이 자연스럽게 형성되기도 했었다. 나는 나대로 어렸을 때부터 성년이 될 때까지 살아온 얘기도 하고 열악한 환경에서 공부했던 얘기도 들려주었고, 아내는 아내대로 그녀가 아버지 얼굴도 모르고 태어나 자라온 얘기와 객지에서의 학창시절 얘기도 했었다. 아이들은 스스로 잘해보겠다고 약속한 일을 평가와 반성도 하고 학교에서 친구들과 벌어진 별별스런 얘기도 하고, 바라고 원하는 것도 서슴없이 말하기도 했다. 수년 간 시행하다 보니까 고착된 월례행사가 되어 매월 그날은 집안의 행사가 있는 날로 여겨져 준비도 하게 되고 기다려지기도 했다. 가정과 가족의 소중함을 느끼는 더없이 좋은 계기가 되었었다. 여러 가지 긍정적인 면이 많았지만 그중에 손꼽을 만한 성과가 있다. 아이들이 거짓을 모르는 것이었다. 숨길 필요가 없었기 때문이다. 께름칙한 일이 있어도 사실을 사실대로 얘기할 수 있는 분위기가 형성되었기 때문이다. 아이들이 어릴 적부터 용돈을 거짓으로 말하지 않았다. 언제나 필요보다 조금씩 여유를 더하여 주었고 줄때도 세어주는 것보다 어디에 있으니 필요만큼 가져가라는 식으로 주었었다. 학용품 외에 별도로 필요한 용돈은 바르게 별도로 말하곤 했었다. 아이들이 거짓을 말해야 할 이유를 원천적으로 없게 한 결과의 성과라 할 수 있다. 그뿐만 아니라 유치원 때부터 각기 제 이름으로 된 저금통장을 만들어주었었다. 아이들은 자기가 받은 용돈이나 용돈을 절약하여 스스로 자기 통장에 저축하곤 했다. 50원짜리 과자를 사먹고 싶었지만 참고 저금했다는 얘기를 들었을 때는 속이 짠하기도 했었다. 훗날 아이들이 대학 가기 전까지 그렇게 모은 돈이 목돈이 되었었다. 어느 날 아이들은 도저히 그 돈을 못 쓰겠다면서 우리 내외 앞에 내밀었다. 그 이유를 들었을 때는 뜨거운 눈물이 주르르 흘렀었다. 십 년도 넘게 모으면서 모은 일을 생각하면 자기들은 쓸 수가 없다는 것이었다. 방부제를 발라서 영원히 썩지 않게 보관하고 싶다고 했다. 순간순간 밀려왔던 욕구를 참아내고 절약하여 모은 돈이기에 너무 소중하고 애착이 간 것이다. 일찍이 좋은 경험을 한 것이다. 오늘 날 세 딸은 모두 가정을 꾸리고 살며 돈을 버는 것도 열심이지만 씀씀이에 헤프지 않다. 그렇다고 구두쇠도 아니다. 써야 할 자리에는 인색하지 않는 쓸 줄 아는 딸들이다. 참으로 다행이고 흐뭇하다.

세상에 완벽함이 얼마나 있으랴. 또한 완벽한 가정이 어디 있겠는가만 나는 내가 가진 지혜와 능력을 최대한 동원하여 좋은 가정, 특색 있는 가정 만들기에 나름대로 노력했다. 가정의 전통과 가통도 중요하지만, 먼저 수신제가하고 가화만사성이어야 한다는 일념에서였다. 그것이 건전 가정을 이루는 기본이고 건전 가정이야말로 건전사회의 핵이라고 생각했기 때문이다. 훗날 내 아이들이 제 부모와 함께 숨 쉬며 자란 가정이 가끔 괜찮았다고 기억하며 산다면 더 없는 보람이고 기쁨이리라. 동시에 그들이 전수 받은 좋은 전통이고 가통이 되었으면 얼마나 좋을까?

골동품의 진가는 어떻게 볼 것이고 구관이 체득한 경험과 지혜는 무엇으로 가치를 평가해야 할 것인가. 무조건적으로 구관을 평가절하 하는 것은 경솔하고 위험하다. 경륜과 전통도 중시하고 성과와 능력도 중시하는 조화의 지혜가 아쉬운 시점이다.

〈2014.8.6.〉

격세지감

전주 시내 전주천변, 교량을 막 건너 신호 대기를 하고 있는데 좌측 전면에 게첨된 현수막 하나가 눈에 들어왔다. 보는 순간 격세지감을 느꼈다. 현수막에 써진 글씨 때문이었다. '아들딸 구별 말고 많이 낳아 잘 기르자.' 라고 써졌다. 요즘 사람들은 왜 저 현수막에 써진 글씨 내용을 보고 격세지감까지 느끼는지 그 이유를 모른다. 3, 40년 전쯤으로 거슬러 올라간다. 그 당시 우리나라는 정치적으로나 경제, 사회, 문화, 교육 등 모든 면에서 후진을 면치 못하였다. 특히 경제적으로는 모든 국민이 호구지책에 허덕이고 있을 때였다. 오죽하면 1961년에 군사혁명이 일어났는데 당시 혁명 주체 세력이 들고나온 혁명공약에 '기아선상에서 허덕이는 민생고를 시급히 해결하고…….' 라는 말이 나온다. 낙후된 경제를 끌어 올리는 데 걸림돌 중 하나가 인구의 증가였다. 보통 가구당 가족 수가 5 · 6에서 7 · 8명 정도이고 많게는 8 · 9명, 10명도 넘었다. 가계소

득은 바닥이고 소득을 창출할 방안은 없는데 식구는 대가족으로 늘어만 가니 먹고사는 생계가 시급한 상황이 계속되었다. 1950년대 출산율은 6.3명으로 인구증가는 정부의 최대 고민거리였다. 우리나라는 전통적으로 농경사회여서 농업이 주업이었다. 지금처럼 농기계의 발달도 하지 않아 영농방식도 대부분이 인력에 의존할 수밖에 없었다. 따라서 영농에 필요한 인력의 확보 차원에서도 가족의 수가 많아야 했다. 또, '제 먹을 것은 제가 타고 난다.' 는 생각이 팽배해서 낳기만 하면 어떻게든 먹고 산다는 의식이 대책도 없이 만연해 있었다. 국민의식이 이렇다 보니 여간해서 출산율이 떨어지지 않았고 문맹률도 심각했다. 장남 하나만 잘 가르치면 나머지 밑의 자녀는 그 장남이 모두 이끌고 책임진다고 생각했다. 실제로 장남만 가르치고 나머지 자녀는 안 가르치는 게 관행처럼 되었고 국민의식도 그러려니 했다. 그 여파로 국민의 문맹률도 너무 높아 국가발전에 크나큰 장애요소로 작용하여 문맹 퇴치 운동 또한 치열하게 전개되었다. 마을마다 낮에는 땀 흘려 일하고 밤에는 국문(한글) 해독을 위한 공부에 시달리기도 했다.

정부는 1960년대에 들어서 산아제한정책을 통해 출산에 대한 국민의 인식을 바꾸기 위한 노력이 시작되었다. 그때부터 본격적으로 '가족계획' 에 대한 국가적 홍보가 시작되었으며 사람들의 인식도 바뀌기 시작했다. 국가적으로 대대적인 인구 억제정책을 추진한 것이다. 그 당시 가족계획 홍보용 현수막이나 표어에 사용한 용어가 "아들딸 구별 말고 둘만 낳아 잘 기르자." "덮어놓고 낳다 보면 거지꼴을 못 면한다." "많이 낳아 고생 말고 적게 낳아 잘 키우자.” “적게 낳아 잘 기르면 부모 좋고 자식 좋다.” 등이었다. 지금 보면 다소 유치하고 우스워 보일지도 모르는 이 용어들은 과거 우리나라의 가족계획 즉, 산아제한정책에 실제로 사용되었던 문구다.

1970년대부터 1980년대에도 산아제한정책은 계속되었다. 심지어 산아제한정책으로 주부 클럽연합회에서는 1974년을 ‘임신 안 하는 해’로 지정하기도 했고, 이듬해인 1975년에는 ‘남성이 더 피임하는 해’로 정하기도 했다. 1970년대에는 “내 힘으로 피임하여 자랑스러운 부모 되자.” “하루 앞선 가족계획 10년 앞선 생활안정.” 이란 표어도 붙었다.

2006년에 개봉한 영화 〈잘살아보세〉는 그 무렵 우리나라 산아제한정책을 소재로 하고 있다. 정부는 또한, 가족계획 ‘시범 마을’을 정하는 등 온갖 노력을 다 했다. 남녀 모두에게 각종 인센티브를 제공하기도 했다. 실제로 예를 들면 남자가 정관 시술을 하면 예비군 훈련을 면제해 주고 여자에게는 무료로 피임기구를 삽입하는 시술을 해주었으며 나중에는 국가의 부담으로 피임기구를 보급해 주기도 했다. 예비군 훈련장에서 정관시술을 받겠다고 희망하면 그 자리에서 바로 피임 시술을 받기 위하여 병원으로 직행하는 진풍경도 있었다.

산아제한정책이 효력을 발휘하면서 우리나라 출산율은 1970년대 4.53명에서, 1980년대에는 2.83명으로 그 수가 많이 줄었다. 저출산으로 가족의 수가 줄어들면서 가족 부양을 위한 가계 부담도 현격히 줄었다.

1980년대에는 폭발적인 인구증가율은 떨어졌으나 전통적인 남아선호 사상으로 좀처럼 출산 억제정책이 먹혀들어 가지 않았다. 남자아이를 낳을 때까지 계속 출산을 멈추지 않았다. 전통적인 가부장제 사회에서 아들 선호가 국민의 머릿속에 깊이 뿌리 내리고 있어 가족계획 사업이 발목을 잡힌 것이다. "하나씩만 낳아도 삼천리는 초만원." "잘 키운 딸 하나 열 아들 안 부럽다." "축복 속의 자녀 하나 사랑으로 잘 키우자." "한 가정 한 자녀 사랑 가득 행복 가득." 등의 표어를 내걸고 아들딸 구별 말고 한 명만 낳을 것을 강력히 권장하고 주문하는 정책을 펼쳤다.

1990년대에는 남아선호 사상으로 성비가 불균형해짐을 우려하여 이를 해소하는 차원에서 가족계획사업이 추진되어 "아들 바람 부모세대 짝꿍 없는 우리 세대." "생명은 하나 선택이 아닌 사랑으로." 등의 표어가 있었다.

정부의 이와 같은 강력한 인구 억제 정책으로 출산율이 낮아지면서 1990년대에 들어서면서부터는 삶의 질과 복지에 대한 국민적 관심이 커지고 출산에 대한 인식이 바뀌었다. 그 때문에 1994년 산아제한정책이 사라졌음에도 불구하고 출산율이 점점 더 하락하는 부작용이 생기기 시작했다. 아이를 낳게 되면 양육해야 하는 부담이 크고 자기 생활에 걸림돌이 된다는 인식이 확산하였기 때문인 듯하다.

우리나라가 산아제한에서 다시 출산장려로 가족계획 정책을 바꾸기 시작한 것은 대략 2000년경 부터였다. 본격적으로 2005년 이후부터 지금까지도 출산장려를 위한 노력은 계속되고 있지만, 출산율은 계속 하락하고 있다. 2000년대에 들어서 최근의 표어를 보면 "한 자녀보다는 둘, 둘보다는 셋이 더 행복하다." "아빠! 혼자는 싫어요. 엄마! 저도 동생을 갖고 싶어요" "출산으로 얻은 기쁨 함께하는 자녀 양육." 등의 표어가 나왔다. 그런데도 출산율은 좀처럼 오르지 않고 있다. 지난 2012년에 출산율이 1.3명으로 반짝 오르는가 싶더니 오래가지 못했다. 정부의 발표에 따르면 작년 우리나라의 출산율은 1.19명으로, OECD 가입국 중 가장 오랜 기간 초저출산 상태를 유지하고 있다고 한다.

저출산이 세계적인 추세인 가운데 최근에는 나라마다 출산율 높이기에 안 간 힘을 다하는 모습이다. 우리나라도 출산 장려를 위한 여러 가지 시책들을 펼치고 있지만 여간해서 먹히지 않고 있다. 중앙정부나 지방자치단체마다 각종 제도의 시행과 더불어 보조와 인센티브를 제공하며 출산을 장려하지만 크게 효과를 보지 못하고 있다.

인구 증가로 인한 폐해가 심각하여 오랜 기간 인구 억제 정책을 펼치다가 요즘은 인구 감소로 인한 폐해 때문에 나라마다 골머리를 앓고 있다. 나라의 기본 구성요소인 인구가 감소하면 국가의 존립이 위태로워진다. 그래서 나라마다 인구 감소 때문에 고민이 깊어지는 이유가 여기에 있다.

앞으로 인구 증가를 위한 출산장려 정책이 어떻게 달라지고 인구수는 어떠한 변화를 가져오게 될지 궁금하다. 한때는 늘어나는 인구를 억제하기 위하여 온갖 지략을 동원하여 내걸었던 계몽적 문구들이 지금에 와서는 정반대의 상황으로 변한 것을 보면서 격세지감을 느끼지 않을 수 없다. 먼 훗날 어떤 게 정답으로 결론이 날지 모를 일이다.

〈2014.6.21.〉

얼굴이 잘생겼어요

작심삼일의 전형이 바로 나다. 무엇을 하겠다고 다짐하여 결심하고는 얼마 못 가서 그만두는 경우가 많은 게 사실이다. 지난해 겨울 12월에 헬스장에 다니겠다고 아내와 함께 등록하고서 5개월 남짓 다니다가 봄이 되면서 중지시켜 놓고 산에 다니자고 했다. 그러나 그것도 차일피일 미루다가 한 2주 전부터 전주 중화산동에 있는 화산공원의 산책길에 나섰다. 화산공원은 10여 년 전부터 공원 인근 아파트에 살 때까지만 해도 가끔 오르내리며 즐겨 찾던 공원이었다. 그런데 그 아파트에서 이사 오면서 거리가 상당히 멀어져 외면하고 발길을 끊은 지가 1년이 넘었다. 접근성도 좋고 숲도 잘 어우러져서 건강관리에는 안성맞춤인 공원이다.

최근 며칠 전부터 아내와 나는 매일 열심히 이 공원에 다니고 있는 편이다. 이 또한 얼마나 지속할지는 두고 볼 일이다.

오늘은 여느 때보다 더 일찍 일어나 공원으로 왔다. 아내와 함께

도란도란 세상사는 얘기하면서 늘 다니던 산책길을 돌아 하산길 중턱쯤 왔을 때였다. 반대편에서 다가오던 17~8세쯤으로 보이는 젊은 청년이 갑자기 "안녕하세요! 아저씨 얼굴이 제일 잘생겼어요."라고 내게 다가오며 밝은 미소로 인사를 건넸다. 나는 엉겁결에 "아! 그래요. 고마워요."라고 답하면서 무심코 청년과 스쳐 지나쳤다. 며칠 전에도 그 청년을 만난 적이 있다. 그때도 그 청년은 여전히 "안녕하세요!"라고 인사를 했다. 그 청년은 나한테만 인사를 하는 것은 아니었다. 만나는 사람마다 다 같은 인사를 하곤 한다. 그 청년은 얼핏 보아도 알아차릴 수 있는 지적 장애를 가지고 있는 청년인 듯하다.

그 청년과 비켜 지나친 뒤 나는 스스로 매우 계면쩍어하며 떳떳하지 못한 나를 자책하지 않을 수 없었다. 장애를 가진 젊은이는 거칠 것 없이 순수하고 소박하게 먼저 웃으며 인사를 하는데 어른인 나는 그렇지 못함이 속으로 부끄러웠다. 한참 동안 길을 가다가 나는 아내에게 "나를 잘생겼다고 하는 사람도 다 있네." 라고 말을 건넸다. "그러게."라고 아내는 기다렸다는 듯이 곧바로 말을 받았다.

나는 세상에 태어나서 지금까지 잘생겼다는 말을 한 번도 들어본 적이 없다. 비록 정상적인 사람이 얼굴을 자세히 살펴보고 한 말은 아니지만, 허툰 말이든 겉치레 말이든 간에 그 청년에게서 처음 잘생겼다는 말을 들어보았다. 생각해 보면 농담이라도 누가 나보고 잘생겼다고 말한 적은 없는 것 같다.

오죽하면 가족조차 솔직히 내가 잘생긴 얼굴은 아니라고 토로하기까지 한다.

누구든지 이왕이면 멋지고 잘생기고 훤칠하기를 원한다. 그러나 그것이 어디 사람 마음대로 되고 희망한다고 성취될 수 있는 일인가. 그것이야말로 운명적이고 선천적인 것이 아니겠는가. 같은 남성끼리지만, 키도 크고 몸매도 멋지고 얼굴도 잘생긴 사람을 보면 속으로 은근히 부럽고 샘나는 게 사실이다. 사람이 신언서판身言書判이라 했는데 일단 나는 외모에서는 좀 아닌 것만은 맞는 사람인가 보다. 내가 아닌 다른 사람이 나의 외모를 보고 느끼는 바는 나로서는 어찌할 수 없는 불가항력이다. 사실 나도 나의 외형적인 면모가 만족스럽지 않아서 다소 불만이다. 나중에 아내에게서 들은 말이지만, 아내는 나를 처음 만났을 때 잘생기지는 않았으나 까만 얼굴에 고 박정희 대통령을 닮은 것으로 보았다는 것이다. 유난히도 눈동자가 빛났던 게 인상적이었다고 한다. 아마도 아내가 그때 콩깍지가 끼었던 모양이다. 그나마 지금까지 살면서 나의 용모에 관한 가장 좋은 평을 한 것은 그래도 그때 아내가 한 평인 듯하다.

요즈음은 타고난 사람의 용모도 고치는 시대가 되었다. 얼짱, 몸짱이니 S라인이니 하는 말까지 생겨났다. 잘못 생겼어도 돈 들여 고치면 잘생기고 예쁘게 만드는 세상이다. 그러다 보니 한국 사람은 한국 사람이 좋아하는 용모가 있기 때문에 대부분의 고친 사람의 얼굴이 엇비슷하기까지 하단다. 오랜만에 만난 친구가 얼굴이 변해도 너무 변했다고 하며 이름이 그렇다고 하니까 알겠지, 전혀 다른 사람이라고 놀라는 모습인가 하면, 간헐적으로 보는 먼 친척이 얼굴을 몰라보는 일까지 벌어지고 있다. 학교를 졸업하고 취직

하기 위해서 반드시 거쳐야 하는 면접을 위해 부분적으로 얼굴을 성형하는 일은 이제 보통이 되었다. 그런 차원에서 어쩌면 나는 이 시대에 태어나지 않은 게 참으로 다행스러운지도 모르겠다. 만약 내가 요즈음 태어났더라면 영락없이 취직은 고사하고 사회에 얼굴을 내밀며 살지도 못할 수도 있었겠다. 하지만 다행스러운 것은 나는 나의 용모가 그렇게 못생겼다는 생각은 별로 하지 않으며 살아왔고 살고 있다. 다른 사람이 별로라고 생각하는데 정작 본인은 그렇게까지는 생각하고 있지 않은 것이 얼마나 다행한 일인지 자위한다. 자신의 용모를 부정적으로 보지 않고 긍정적으로 볼 수 있다는 것이 참으로 용(?)하고 감사한 일이다. 자신을 스스로 평가절하하지 않는다는 것은 나쁜 일이 아닌 것 같다.

사람은 겉모습도 중요하지만, 정작 중요한 것은 사람의 속 모습이다. 열 길 물속의 깊이는 알아도 한 길 사람의 속 깊이는 알 수 없다는 말이 있다. 겉모습은 번지르르하지만, 그 사람의 언행을 보면 소양도 깊이도 없는 사람이 있다. 심지어 인면수심의 언행을 하는 사람도 있다. 외모는 그럴싸하고 속은 텅 빈 강정 같은 사람보다는, 차라리 외모는 모자라고 못생겼더라도 속이 아름다운 마음으로 꽉 찬 사람이 우리 사회에는 더 필요한 사람이다.

사람의 외모는 세월에 어쩔 수 없이 짓눌려 변하기 마련이고 나이가 들어 늙으면 아무리 아름다운 용모를 가졌더라도 볼썽사나워질 수밖에 없다.

용모가 뒤처지는 사람은 무엇인가를 돋보이게 하는 노력을 한다. 자기의 장점을 부각해 결함을 묻히게 하려는 속성이 있다. 따라서 사람을 평가할 때 쉽게 외모로만 보지 말고 그 사람의 속을 들여다보는 지혜를 가져야 한다.

지적 장애가 있는 젊은 청년이 무심코 허투루 한 말 한마디가 오늘따라 새삼스럽게 사람의 외모에 대하여 성찰의 기회를 갖게 한다. 신체는 부모로부터 받은 것으로 신성하니 털끝 하나라도 건드려서는 안 된다는 말은 이제 옛말이 되었는가 하여 참으로 씁쓸하기 그지없다.

"아저씨가 제일 잘생겼어요."

이름 모를 청년이 내게 한 그 말이 여운처럼 귓전에 맴돈다.

최초로 나의 용모를 긍정적으로 인정(?)해준 청년이다.

〈2013.6.27.〉

터키·그리스 성경 지리답사를 다녀와서

바른 신앙, 바른 삶을 성찰하는 기회였다

내 나이 열네 살 되던 해 어느 날, 내가 태어난 마을에 나이 육십 가까이 보이는 목사님과 사모님이 이사 오셨다. 그때까지 우리 마을엔 교회가 없어서 신앙을 접할 기회마저 없었다. 초등학교를 졸업한 나는 상급학교 진학을 못 한 때였다. 목사님 내외는 사랑채 같은 거처를 마련하여 사셨는데 그곳이 바로 이름도 없는 작은 교회였다. 어린 나이에 스스로 그곳을 찾아 정말 열심히 믿음 생활을 했다. 완전히 신앙에 몰입되어 밤낮없이 기도와 찬송을 하며 지냈다. 그때 나는 이미 내 마음속에 구주를 영접했고 하나님이 나를 택하셨다고 믿었다. 내 신앙의 시작이 그랬다.

아직 미혼이었던 아내를 처음 만나 얼마 안 된 어느 날, 전화하다가 우연히 찬송가 가사를 말했더니 아내는 놀라는 어조로 교회 나가느냐고 했다. 순간 그런 질문을 하는 걸 보니 아내도 기독 신앙인임을 직감할 수 있었다. 그때 나는 같은 신앙을 가진 것이 얼마나 좋은지 몰랐다.

그로부터 수년이 지나 우리는 부부의 연을 하나님 은혜 가운데 맺을 수 있었다. 그동안 신앙적으로 다소 우여곡절이 있었지만, 믿음의 끈을 놓지 않고 지금 여기까지 인생의 여정을 달려와 서 있다. 모두가 하나님의 크신 은혜가 아닐 수 없다.

그러나 우리 부부는 성지순례 한번 가보지 못했다. 그러던 차에 지난 4월쯤엔가 어느 날 목사님으로부터 전화가 왔다. 교회 주관으로 터키, 그리스 성경 지리답사를 같이 가자는 제안을 하셨다. 우리는 오래 망설이지 않고 여정에 동참하겠다고 했다.

실감이 나지 않는 성경 속 사도들의 발자취가 여간 궁금하지 않았던 터였다. 이번 답사 여정은 사도 바울의 2차 전도여행 지역을 중심으로 계획되었었다. 전도지역의 지명과 관련된 성경 내용을 읽고 지도도 펼쳐보며 나름대로 준비를 단단히 했다.

지속된 가뭄과 만연되고 있는 메르스의 여파로 민심이 흉흉한 차에 여행을 나선다는 게 조금은 마음이 개운치 않았다. 그러나 우리 일행은 기도로 이를 극복하자고 다짐하면서 마침내 10박 12일간의 성경 지리답사 여정에 올랐다. 일행 모두는 성경 속에 나오는 지역을 직접 가 본다는 데에 기대와 설렘으로 적이 흥분해 있었다. 방문한 곳마다 경탄하지 않을 수 없었다. 때로는 감동으로, 때로는 숙연함으로, 때로는 울분으로 곳에 따라 감흥이 엇갈렸다.

갑바도기아 지역의 자연이 빚어낸 바위의 모습들은 절묘하고 빼어난 작품들이었다. 괴레메의 많은 암굴과 동굴교회들을 살펴보면서 놀라지 않을 수 없었다. 수많은 날 동안 피를 말리는 고생을 하여 암석을 파고들어 가 기도처와 교회 터를 만들었다는 것이 얼마나 처절한 몸부림이었는가를 짐작하게 했다.

데린큐유의 지하도시가 사투의 결정판이었다. 지금의 기술과 장비로도 결코 쉽지 않을 것 같은 암석을 자유자재로 파내려가면서 조성해 놓았다. 한 사람이 겨우 통과할 정도로 좁다랗게 상하좌우로 연결된 개미굴 같은 미로였다. 좁은 통로 곳곳에 외부의 침입을 대비해 가로막기 위하여 만든 맷돌 같은 방어석은 어떻게 만들어 운반하고 거치해 놓았는지 상상이 안 되었다. 어딘지 분간조차 할 수 없는 지하 2~3층 암흑 속에서 어떻게 소통하며 살았는지 상상이 안 되었다. 예나 지금이나 사람 사는 기본은 매한가지일 텐데 사는 꼴이 말이 아니었을 것이다. 놀랍고 은혜로운 것은 신학교(mission school)로 명명해진 곳이었다. 지하도시 규모로 보아 결코 좁지 않은 터였다. 가르치고 수학하며 기도한 흔적을 미루어 볼 수 있었다. 우리 일행은 그곳에 모여 큰 소리로 찬양과 기도 등 약식예배를 통하여 하나님께 영광을 돌렸다. 지금도 그때 그 감동이 메아리되어 들리는 듯하다. 아직도 완전히 발굴하지 않았고 발굴한 곳도 안전상 일반에 다 공개하지 않는다는 얘길 들으며 경건하게 머리를 숙일 수밖에 없었다.

환난과 핍박 중에도 꿋꿋하게 굴하지 않았고, 때로는 목숨까지 내놓는 것도 불사했던 신앙의 선배들에게 경의를 표하지 않을 수 없었다. 동시에 내 믿음의 분량을 생각하며 부끄러운 마음에 얼굴을 여러 번 하늘로 향하곤 했다.

사도 바울이 전도 사역을 위해 말씀을 전했던 곳을 방문할 때마다 가슴 뭉클한 감동과 찔림을 받았다. 지금처럼 교통과 통신 수단이 발달하지도 않았던 당시에 불편과 고통은 말해 뭣하겠는가. 요한 사도가 하나님의 계시를 받았다는 계시 동굴에서는 당시의 상황이 눈에 선하게 그려지기도 했다. 누가의 묘, 요한의 무덤 등을 직접 보았고, 요한이 세례를 베풀었던 세례 터에서 당시를 상상하며 세례체험을 한 것도 잊을 수 없는 추억이었다. 성소 곳곳에 남겨진 흔적을 통하여 기록의 내용을 확인하고 미루어 생각할 수 있는 더없이 좋은 기회였다.

무엇보다도 이번 여행을 통하여 가장 값진 소득이라면 나 자신을 점검하고 재조명하는 거였다. 내 신앙의 현주소가 어디고 정체성은 무엇인가를 생각게 했다. 바른 신앙, 바른 삶을 위하여 '지금 이대로가 옳은가?' 라는 물음 앞에 겸허히 나를 내려놓고 점검하고 다짐하는 계기였다. 일행 모두가 같은 마음이었으리라 믿는다.

〈2015.7.22.〉

꿈의 발열 소재

생각이 필요를 낳고 필요가 발명으로 이어지는 것은 말할 필요가 없다. 많은 발명가가 이러한 연유로 갖가지 기발한 발명을 해낸다. 많은 사람이 더욱 더 편리하고 유용한 삶을 위하여 온갖 궁리를 다하여 절묘한 아이디어를 생각해낸다. 그렇게 함으로써 새로운 발명품이 탄생하게 되고 과학기술이 발전하게 된다. 더불어 인류의 삶의 질이 한층 높아짐은 물론 경제적으로도 비용이 절감된다. 발견이나 발명 모두 현재의 상황, 상태에 만족하지 않고 더 차원 높고 향상된 그 무엇이 없겠느냐는 인간의 끝없는 희원에서 비롯된다.

나는 아침에 일어나 습관적으로 제일 먼저 찾는 게 신문이다. 여느 때와 마찬가지로 기사를 살피다가 눈에 번쩍 뜨이는 게 있었다. '도내업체 개발 '발열 벤치' 전국으로?' 라는 제하의 2015년 4월 29일 자 전북일보 1면에 난 기사다. 열이 나는 벤치라는 기사가 끌렸다.

기사 내용을 보면 탄소산업이 미래 전북경제를 이끌 핵심 산업으로 꼽히고 있는 가운데 도내 한 중소업체가 탄소섬유를 이용해 개발한 발열 벤치가 전국 시장으로 세를 확장해 주목을 받고 있다 한다. 탄소섬유를 이용한 발열 벤치는 질병의 원인이 되는 세균을 없애고 모세혈관을 확장해 혈액순환과 세포조직 생성에 도움을 주는 탄소 고유의 물질인 원적외선이 방출돼 건강과 기능을 두루 충족시켰다는 평가를 받고 있다. 이 제품을 개발한 업체는 국내 최초로 와이어 없는 신호등을 만들어 보급한 한국씨티에스(주)가 탄소 섬유 소재 전문제품을 개발하기 위해 만든 자회사 (주)피치케이블이다.

이 회사가 개발한 탄소 발열 벤치는 초기 투자비가 많고 위험이 큰 탓에 개발과정이 녹록지 않았다 한다. 회사 대표가 일본의 한 대학교수를 찾아다니며 기술이전을 읍소하는 특유의 뚝심과 추진력으로 국내에서는 처음으로 탄소 발열 벤치를 제작했다.

발열 벤치는 열 전도성이 우수한 탄소섬유로 만든 의자로 전기코드에 연결만 하면 탄소섬유를 활용한 발열선으로 의자 온도를 30도 안팎까지 올려준다. 2013년 12월 개발이 완료되어 2014년 11월에 추위에 떨며 버스를 기다리는 서민들을 위해 전주시 다가동 버스정류장에 처음 설치했다. 이 발열 벤치는 수원, 경주, 구미, 안산, 제천 등 전국의 10개 도시의 버스 정류장에 설치되어 큰 호응을 얻고 있다고 한다.

처음 기사 제목을 보고 번쩍 끌렸던 내 생각과는 다소 차이가 있어 실망스러웠다. 인위적인 조치 없이 스스로 열을 내는 소재로 제작한 벤치인 줄로 착각했다. 열의 원천인 전기 코드를 꼽아야 열을 낸다는 데에 실망했다.

1992년도엔가 나는 노르웨이 수도 오슬로를 방문한 적이 있었다. 때마침 한겨울이라서 호텔에서 자고 아침에 일어나 보니 많은 눈이 내렸었다. 우리 일행은 다음 여행 일정이 있어 차질을 빚지 않을까 하는 걱정이 많았다. 그러나 예정대로 가이드는 제 시간에 관광버스를 호텔 앞에 댔다. 밖을 보니 차도는 물론이고 보도에 잔설이 거의 없었다. 의아해서 물어보니 보 · 차도 밑에 열선을 깔아 통행에 불편 없도록 시공했다고 했다. 순간 부럽기도 했지만 어떻게 하면 통행로에 내린 눈을 쉽게 녹게 할 수 있을까라는 숙제가 갑자기 머릿속에 박혀왔다. 이 문제는 비단 나만의 숙제가 아니고 모든 인류가 풀어야할 공통의 과제다. 얼핏 생각하면 지극히 단순하고 어렵지 않을 것도 같은데 지구상의 모든 인류가 지금까지 해결하지 못하고 있는지 답답할 뿐이다. 이때 내 나름대로 생각한 것이 '꿈의 발열 소재'다. 간절히 갈망하고 노력하면 이루어진다는 말도 헛된 말인지 인류는 지금까지 스스로 열을 내는 소재의 개발은 못하고 있는 것 같다. 혹시 모르겠다. 개발되었는데도 고가로 경제성이 떨어져 실용화를 못하는지.

내가 생각하는 소재는 이렇다. 시공성이 있으면서 저렴한 재료의 합성으로 스스로 열을 발산하는 소재의 개발이다. 더 하나 조건이 있다. 외기의 영향으로 소재의 온도가 0℃ 이하로 떨어질 때 자동적으로 소재 자체에서 열이 나야 한다. 이러한 소재의 개발은 결코 불가능할까? 그냥 막연한 기대이고 염원일까? 너무나 허망하고 부질없는 허구일까? 말도 안 된다고 피식 웃어 넘겨야 하는 것일까 모를 일이다. 나는 구상만 있을 뿐이지 내가 가지고 있는 역량으로는 능력도 안 될뿐더러 노력도 없었음이 고백이고 동시에 부끄럽다.

외람되지만 공직에 있을 때부터 퇴직 후까지 수 년 동안을 대학에서 강의를 했다. 나는 매학기 종강 때 학생들에게 내가 구상하는 이른바 '꿈의 발열 소재'를 소개하면서 염치없게도 후학들의 숙제로 떠넘기곤 했다. 그 세월이 이제 상당히 흘렀다. 나는 가끔 막연하게나마 그때 내가 낸 숙제를 어떤 후학이 풀어내는 쾌거를 말없이 속으로 기다리고 있다.

만약 이 숙제가 풀리는 날, 온 인류에게 그보다 더 큰 선물은 없으리라. 지구촌 곳곳에서 해마다 겨울이면 도로나 편익시설의 결빙으로 인하여 얼마나 많은 인명과 재산의 손실을 가져오는가. 조심하고 주의한다고 하지만 결빙 때문에 입는 피해는 천문학적이다. 이러한 엄청난 문제가 해소된다면 여러 면에서 인류에게 미치는 플러스 효과는 말해 뭣하겠는가. 비록 내가 지금은 꿈같은 구상을 막연하게 글을 통하여 밝히고 있지만 모를 일이다. 혹시 미래 어느 때인가 허구일 것만 같았던 나의 구상이 이루어져 온 인류에게 이바지 할지를.

만약 이 숙제가 풀리는 날, 인류에게는 아름답고 평화로운 겨울이 올 것이고 많은 분야에서 일대 큰 변화가 일어날 것이다. 소재 개발자는 노벨상 말고 그보다 더 큰 유일무이한 최고의 상이 온 인류의 이름으로 주어지게 되지 않을까? 물론 돈 방석에 묻히는 것은 말할 것도 없을 것이고.

제발, 하루 빨리 이 문제가 해결되어 뭣보다도 소중한 수많은 인명이 목숨을 잃는 안타까운 일이 없었으면 좋겠다.

누가, 아니면 여럿이, 여러 나라, 지구상의 모든 나라가 지혜를 모으고 머리를 맞대어 '꿈의 발열 소재' 의 개발에 나섰으면 하고 간절히 염원해본다.

〈2015.4.29.〉

제4부

아! 가을이여

긍정의 힘

똑같은 사안을 놓고도 어떤 사람은 긍정적인 시각으로 말하고 어떤 사람은 부정적인 시각으로 말한다. 컵에 물이 반쯤 담긴 것을 보고 어떤 사람은 물이 반이나 남았다고 긍정적으로 말하고 어떤 사람은 물이 반밖에 남지 않았다고 부정적으로 말한다. 놀라운 시각 차이이다. 긍정적으로 사물을 바라보고 생각하는 훈련의 필요를 절실히 느낀다. 같은 사안도 사람에 따라서 전혀 다르게 정의되고 포장될 수 있으며 결과는 엄청난 차이를 가져오기 때문이다. 우리는 긍정적으로 살아야 한다는 말을 많이 하고 듣는다. 하지만 정작 시련이 다가오거나 절망과 좌절의 상황이 벌어지면 그 순간 긍정적인 마음을 갖지 못한다. 오히려 온갖 원망과 불평은 물론 자신의 처지를 비관하며 한탄하기 일쑤다. 누구나 항상 매사를 긍정적으로 바라보고 생각하며 살기란 쉽지 않다.

긍정의 힘이 생각만큼 만만하게 길러지는 것은 결코 아니다. 부단히 노력하고 반복하여 습관이 몸에 배야만 가능한 일이다.

궁정의 감정을 유지하기 위해서 가장 중요한 것은 현실을 직시하고 인정해야 한다. 지나치게 이상과 감상적으로 세상을 바라보면 현실과 괴리가 생겨 긍정의 사고가 싹트지 못한다.

삶에는 오르막이 있으면 내리막도 있다는 사실을 인정하고 받아들여야 한다. 어떤 상황에 있든지 나 자신과 지금의 삶을 받아들이고 감사하며 마음에 기쁨을 간직할 수 있어야 한다.

긍정적인 생각은 자신이 한다. 따라서 긍정의 힘도 자신에서 나온다. 자신을 이해하지 못하면 현실을 이해할 수 없고 다른 사람을 이해하지 못한다.

이해와 인정을 못 해서 불평불만과 부정적 시각을 드러낸다. 자기 앞에 처한 대부분 현실이 자신이 생각하고 한 결과라는 것을 먼저 깨달아야 한다.

사람마다 자기의 삶은 자신만이 할 수 있다. 누구도 자신의 삶을 대신할 수 없다. 따라서 자신의 올바른 삶을 위해서는 자기를 다스리지 않으면 안 된다. 긍정의 힘을 기르기 위해서는 항상 현실 속에서 긍정적인 생각을 하도록 자기를 조종하고 통제하고 단련시켜야 한다. 우리 몸은 현대 의술의 임상 시험에서 나타난 플라시보 효과(placebo effect)처럼 마음으로 뇌에 강력한 긍정적인 신호를 보내면 뇌에서도 몸에 좋은 호르몬을 분비한다고 한다. 즉, 우리의 몸은 생각의 산물이라는 것이다. 어떤 생각을 하느냐에 따라서 몸도 달라진다고 한다.

이미 세상에 회자하고 있는 말이지만, '자살' 을 거꾸로 읽으면

'살자' 가 된다. 스스로 목숨을 끊으려다가 거꾸로 생각하면 살기로 마음먹게 될 수도 있다. '역경' 을 거꾸로 읽으면 '경력' 이 된다. 이 또한, 어렵고 힘든 역경을 참고 견디어 이겨내면 마침내 인생 경력이 되는 것이다. '인연' 을 거꾸로 읽으면 '연인' 이 되고, '내 힘들다.' 를 거꾸로 읽으면 '다들 힘내' 가 된다. 누군가 우연히 찾아낸 우리말의 절묘한 표현이겠지만 그냥 웃어넘길 말이 아니다. 놀라운 부정에서 긍정으로의 변화다. 극에서 극으로 정반대의 변화다. 이처럼 긍정은 사람을 살리는 힘이 있다. 매사를 뒤집어 보면 부정이 긍정되기도 한다. 바꾸고 뒤집어서 정반대로 생각해 볼 일이다. 답습, 관행, 좌절, 자포자기에서 훌쩍 뛰어넘어 발상의 전환을 해봐야 한다. 그러면 전혀 다른 서광과 희망, 용기가 솟아난다.

나는 서른 살쯤에 소위 '가훈' 이란 걸 정했다.

그 첫째는 '극기로 최선을 다하자.' 였고, 둘째는 '긍정적, 적극적, 합리적으로 살자.' 였으며 셋째는 '범사에 감사하자.' 였다.

나름대로 오랜 기간을 숙고해서 일생을 살아가는 데에 필요한 나 스스로 기준임과 동시에 2세의 훈육 지침을 마련한 것이다. 가훈을 정하기 전에 나는 세상에 처한 나의 위치와 분수, 역량을 솔직하게 인정하고 받아들였다. 나 자신을 먼저 알아야 했기 때문이다.

고등학교 재학시절 영어 수업시간의 일이다. 영어 선생님께서는 약속이나 한 것처럼 새로운 단원을 시작할 때마다 나를 지목하여 나로 하여금 맨 먼저 전체를 읽게 하곤 하셨다. 웃지 못할 엉뚱한 일이 벌어지곤 한 것이다. 선생님께서 특별히 나를 지목한 이유는 내가 발음에서 연음화連音化와 억양이 다른 친구들보다 나았다고 하셨다. 나는 그런 내가 전혀 믿어지지 않았다. 당시로는 녹음기도 없어서 나의 발음을 내가 들어볼 수도 없었기 때문이다. 놀라웠다. 굳이 한 가지 이유를 댄다면, 재미가 있어 읽고 또 읽는 일에 집중했을 뿐이다. 그러다 보니 자연스레 그런 결과를 낳았는지 모른다. 그것이 뿌리가 되어 57세의 나이에 지방공무원인 내가 국제 학술대회에 논문을 싣고 발표까지 감행(?)하는 용기가 있지 않았나 싶다. 실제로 2004년 9월 2~4일까지 서울의 쉐라톤 워커힐 호텔에서 있은 ASEM'04 & ICSCS'04 학술대회의 참가가 그것이었다. 상상해 보지 않았던 일이었다. 모두가 긍정의 힘이었다고 생각된다.

(발표 논문:An Experimental on Fatigue Behavior of Continuous Steel Fiber Reinforced Concrete Beam)

〈2014.5.5.〉

별난 전략

어떤 도道의 모 지사가 취임 일성으로 도가 망하려면 어떻게 하면 될 것인가를 청원 전체에게 묻고 망하게 하는 방안을 제한 없이 제시하라고 주문했다고 한다. 청원은 신임 지사의 이와 같은 주문에 진의를 몰라 어리둥절하며 바짝 긴장했다. 하지만 지사는 정색을 하고서 진정 도가 퇴보하고 망하려면 어떻게 해야 할 것인지를 각자 적어 내라고 했다.

청원들은 도의 발전에 저해요인이 뭣인가를 어렵지 않게 생각할 수 있었다. 모든 분야에서 잘 안 되게 하고 옳지 않은 방향으로 힘쓰고 노력하면 틀림없이 낙후되어 도가 망할 것이 뻔했기 때문이다. 도가 지금보다 더 발전하여 잘살 수 있는 방안을 제시하라면 어려울지 모르지만 후퇴하려면 어떻게 하여야 하겠느냐는 문제는 쉬운 일이다. 사람도 바르게 살고 잘 살아 보려면 힘들고 어려울지 몰라도 미래를 생각하지 않고 아무렇게나 되는 대로 살려면 어려울 게 없다. 따라서 청원들은 저마다 지사의 지시대로 도가 망할 수 있는 방안을 적어냈다. 이렇게 해서 취합된 제안이 모두 90건이 넘었다고 한다.

보고를 받은 지사는 제안된 방안 모두를 반대로 하는 내용을 토대로 도의 발전 방안을 정하고 각 방안마다 구체적인 전략을 마련하라고 했다 한다. 지사의 기지와 기발한 아이디어가 놀랍고 돋보이는 대목이다. 이에 청원들은 깜짝 놀라 긴장할 수밖에 없었다고 한다. 지사 혼자서 머리 싸매고 고민하면서 발전전략을 마련하려면 쉽지도 않을 일이다. 그뿐만 아니라 폭 넓게 다양한 의견도 수렴할 수 없었을 것이다. 그런데 짧은 시간 안에 광범위한 의견과 방안을 마련했으니 얼마나 절묘한 술수였는지 모른다. 멋진 젊은 지사의 지혜를 가늠할 수 있는 일이다.

역발상이라는 말이 있다. 일이 잘 풀리지 않거나 어려운 일에 봉착했을 때는 꼭 그 길을 고집하거나 정도만을 생각할 것이 아니라, 다른 대안도 모색하고 반대의 방법도 생각해 볼 일이다. 어떤 때는 반대로 생각하면 문제가 쉽게 풀리는 경우도 있다. 그 도의 공무원들은 늘 정해진 틀 속에 갇혀 발상을 뛰어넘지 못하는 일상과 사고의 관행에서 지사의 모습이 큰 충격으로 받아들여졌을 것이다. 지사의 기지 하나로 도정의 방향을 단번에 모색한 것 말고도 공직내의 분위기가 새롭게 되고 공직기강을 바로 세우는 계기가 되었다는 후문이다. 역발상이 주효한 것이다.

전략이라는 말은 원래 군사용어로 안다. 군은 국방과 전쟁을 위하여 존재한다. 국방과 전쟁은 전략이 생명이다. 전략의 부재나 잘못된 전략은 나라를 잃게 하고 전쟁에서 패배할 수밖에 없다. 빼어난 전략, 상대보다 우월한 전략만이 나라를 지키고 국민이 살아남을 수 있으며 전쟁에서 승리할 수 있다. 전쟁에서 패배한 장수는 용서할 수 있지만 전략에서 실패한 장수는 용서받지 못한다는 말도 이 때문이다. 생존경쟁이 치열한 세상에 어떻게 하면 내가 살 수 있고 도가 살 수 있고 나라가 잘 살 수 있을 것인가는 순전히 전략 싸움이다.

어떤 일을 추진하려 할 때도 목표를 세우고 계획과 기획을 통하여 구체적인 실천 방안을 마련한다. 바로 일의 성패를 좌우하는 일종의 전략 구상이라 할 수 있다. 어떠한 전략을 마련하여 추진하느냐에 따라 목표달성의 여부는 물론 성과의 정도가 현저히 다를 것은 뻔하다. 그만큼 전략이 중요하다.

생각해보면 세상살이가 모두 전략인 것 같다. 어떠한 전략으로 살아가고 도전하느냐에 따라 모든 일의 결과가 다르게 나타날 게 분명하다. 어떤 전략으로 공부하고 배우자를 선택하느냐에 따라 일생의 행 · 불행이 갈린다. 어떻게 미래를 설계하고 어떤 실천방안을 마련하여 사느냐에 따라 훗날 인생의 결과가 다르게 판가름나게 된다. 그러니 전략만큼 중요한 게 또 있을까 싶다.

돌이켜 보면 결과적으로 내 인생에서 최대의 전환점을 가져다 준 획기적인 전략 하나가 있다. 중학교를 졸업하고 상급학교 진학을 포기한 채 실의에 찬 가운데 농촌에서 농사일을 하고 있었다. 하지만 날마다 내 뇌리엔 고등학교 진학이 떠나지 않고 맴돌고 있었다. 일을 하면서도 어떻게 하면 진학의 꿈을 이룰 수 있을까 궁리를 거듭했다. 그 당시 내 뇌리에는 온통 그 생각밖에 없었다.

추수가 끝날 무렵 나는 가출을 결심했다. 과감한 모험을 하지 않고는 당시의 상황에서 벗어날 수 없다는 결론을 내린 것이다. 이판사판이고 죽기 아니면 살기 식으로 발버둥 쳤다. 만추의 시월 하순에 이미 땅거미가 내려앉은 시간이었다. 가족 몰래 책보에 중학교 때 배우던 책을 싸들고 무작정 막차로 신작로를 달려 부안읍내로 나왔다. 그리고 내킨 김에 전주로 가는 직행버스에 몸을 실었다. 전주는 내게 낯설고 물 설은 곳이었고 정처도 없었다. 그때부터 시작된 내 삶은 온통 칼날 위에 선 것처럼이나 긴장의 연속이었다. 그러나 그때 그러한 전략을 구사하지 않았다면 지금의 나는 없었을 것이다. 어떻게 보면 무모한 전략이고 도전이었지만 비장한 각오로 감행한 결과가 오늘의 나를 있게 한 것은 분명하다. 뜻이 있는 곳에 길도 있었다. 호랑이를 잡으려면 호랑이 굴에 들어가야 잡을 수 있다는 말이 실감난다.

경상남도 거창고등학교에는 직업선택의 십계가 있다고 한다. 별난 전략으로 학생에게 교훈하고 있어 소개한다.

1. 월급이 적은 쪽을 택하라.
2. 내가 원하는 곳이 아니라 나를 필요로 하는 곳을 택하라.
3. 승진의 기회가 거의 없는 곳을 택하라.
4. 모든 조건이 갖추어진 곳을 피하고 처음부터 시작해야 하는 곳을 택하라.
5. 앞을 다투어 모여드는 곳은 피하고 아무도 가지 않는 곳을 가

라.

6. 장래성이 없다고 생각되는 곳으로 가라.

7. 사회적 존경을 바랄 수 없는 곳으로 가라.

8. 한가운데가 아니라 가장자리로 가라.

9. 부모나 아내가 결사반대하는 곳이면 틀림없다.

10. 왕관이 아니라 단두대가 기다리는 곳으로 가라.

얼핏 보면 너무 파격적이고 위험한 제시인 것 같다. 그러나 매 항마다 잘 들여다보고 생각해보면 의미심장하다. 오죽하면 청운의 꿈에 부푼 고등학생에게 여과 없이 자신 있게 교훈하겠는가 하는 생각이다. 갖가지 진로를 결정할 때 어떤 일자리를 선택할 것인가를 망설이는 것은 누구에게나 마찬가지다. 하지만 당장 코앞의 과실만을 생각하지 말라는 함축된 의미로 해석된다. 이 십계를 읽으면서 학생들은 직업선택 뿐이 아니라 세상을 어떻게 살아야 하는가를 생각하게 될 것이다. 또, 제각기 인생의 설계를 어떤 전략으로 접근해야 할지를 판단하고 고민할 것으로 생각된다.

글로벌 시대에 모두가 여러 분야에서 격벽이 없어지고 있다. 그에 따라 국가 간 경쟁이나 개인 간의 생존경쟁이 날로 심각하다. 살아남기 위한 전략이 절실히 필요한 때이다. 꼭 우위를 점하고 승리하기 위해서가 아니라도 보람된 인생, 후회 없는 일생을 위해서 저마다 빼어난 전략을 가지는 것이 필수다. 전략수립에는 미래에 대한 예측이 무엇보다 중요하다. 하지만 그보다도 자기에게 주어진 현실을 직시하고 환경과 상황을 면밀히 분석하여 실효성 있는 대안을 선택하여야 한다. 전략의 실패는 여러 분석을 소홀히 하고 꿈과 성과만을 지나치게 기대하는 데서 초래된다.

지향하는 목표를 달성하여 성과를 거두려면 누구나 할 수 있는 대안으로는 안 된다. 힘들고 어렵지만 차별화된 전략, 즉 별난 전략만이 유일한 대안이다. 늘 발상을 뛰어넘는 전략마련에 부심할 수밖에 없는 게 오늘을 사는 현대인의 고민이다.

미래의 삶을 위하여, 후회 없는 삶, 보람된 삶을 위하여 별난 전략이 절실한 시대에 우리가 덩그렇게 서있다. 머리가 터질 것 같은 고뇌를 안고.

〈2014.10.18.〉

과유불급

"인간은 자기가 먹은 양의 25%로 살아가고 나머지는 의사가 먹는다." 이집트의 피라미드에 새겨진 문구라고 한다. 너무 많이 먹으면 병이 나서 치료로 이어져 결국 의사의 배를 불려준다는 뜻이다, 과식이 인체에 미치는 악영향을 단적으로 잘 나타낸 말이다. 우리는 배가 고프지 않아도 아침, 점심, 저녁 세 끼를 꼬박꼬박 챙겨 먹는다. 전통적으로 내려오는 식습관 때문이다. 더하여 순간적인 식욕을 조절하지 못하고 한계량 이상의 음식물 섭취를 하는 때가 많다. 다 그런 건 아니지만, 춘궁기 보릿고개란 말이 무색할 정도로 요즘 사람은 대부분이 잘 먹고 많이 먹는다. 현대인은 그야말로 영양 과잉 상태이다. 그 결과 혈관에 노폐물이 쌓이는 등 부작용이 나타나 각종 질병을 유발하게 된다. 소식과 채식을 해야 하는 이유가 여기에 있다.

내가 공직생활을 시작한 스무 살 즈음에 리처드 데이비드 스티븐

슨이라는 미국 친구를 만나 사귀고 있었다. 나보다 한 살 위라서 터놓고 지내는 친구였다. 이틀이 멀다 하고 만나곤 했는데 그 친구는 식사 때가 따로 없었다. 언제나 나와 함께 만나면 끼니때를 꼭 지켜 챙겨 먹어야 한다는 고정관념 없이 배가 고프면 먹고 고프지 않으면 먹지 말자는 주의였다. 그러니까 내겐 참으로 불편한 일이었다. 그러다 보니 어떤 땐 한 끼를 더 먹어야 했고 어떤 땐 한 끼를 굶는 경우도 있었다. 심지어 같이 잠을 자고 있는데 그 친구는 한밤중에 일어나 간식을 먹는 때도 있었다. 그야말로 시도 때도 없이 배고프면 아무 때나 먹는 게 식습관이었다. 그렇다고 과식하는 것은 아니었다. 어쩌면 그런 방식의 식습관이 합리적이고 몸에 부담을 주지 않을지도 모른다. 그런데 나에겐 오래전부터 식사에 관한 고정관념이 자리하고 있다. 끼니를 꼭 챙겨 먹어야 한다는 생각이다. 그 이유가 있다. 그중 하나는 중학교 때 생물 선생님에게서 들은 말씀 때문이다. 건강을 위해서는 반드시 끼니를 거르면 안 된다고 하시면서 한 끼 굶으면 평생 못 찾아 먹는다고 강조하신 게 못 박혀 있고, 또 하나는 친척인 노 의사가 하신 말씀이다. 우리 몸이 세끼를 먹는 습관에 길들여 있으므로 끼니때가 되면 반드시 뭐든지 먹어야 한다고 했다. 왜냐면 위胃에서는 습관적으로 끼니때가 되면 소화액인 위산이 분비된다고 한다. 그런데 소화 거리가 없으면 독한 위액이 위를 상하게 해서 건강에 매우 좋지 않은 결과를 가져온다고 하신 말씀 때문이다. 두 분의 말씀이 진정 옳은 건지 검증되지 않은 채 내 뇌리에 일찌감치 강하게 고착되어 있다. 그 때문에 나는 별로 배고프지 않아도 끼니를 거르는 때가 없이 꼭 챙겨 먹는 편이다. 물론 나의 어릴 적 성장 배경과 식탐이 무관하지 않지만 그러다 보니 과식이 되는 때가 있고 때로는 그 후유증으로 불편한 경우도 가끔 있었다. 그런데 최근 들어서는 배고프지 않으면 안 먹는 방향으로 선회한 식생활을 한다. 그럴 때마다 과유불급過猶不及이라는 말이 떠오른다. 이 말은 공자가 한 말로써 중용의 뜻을 담고 있다. 공자의 제자인 자공은 질문하기를 좋아했다. 어느 날 자공이 공자에게 "자장과 자하 중에 누가 더 현명합니까?"라고 묻자 공자가 이에 답을 했다. "자장은 과過하고 자하는 불급不及하다." 그러자 자공이 말했다. "그렇다면, 자장이 더 낫겠군요." 그때 공자가 "지나친 것과 모자란 것은 같다."라고 말해준다. 공자는 자장은 항상 중中에서 지나치고 자하는 중中에 미치지 못한다. 따라서 둘 다 중中에 미치지 못하므로 과하든 모자라든 마찬가지라고 보았다. 그러므로 과유불급이라는 말은 '지나침은 부족함만 못하다.'가 아니라 중용中庸에 미치지 못하므로 '모자란 것도 더한 것도 다 문제'라고 이해해야 한다. 식습관에서 과식, 과음이나 소식, 절식, 금식 등이 모두 다 옳은 게 아니고 적당량의 섭취가 필요하다는 결론이다. '적당'이라는 말이 곧 '중용'으로 봐도 좋을 듯하다. 그런데 '중용'이란 게 얼마나 어렵고 모호한 말인지 모른다. 그러나 매사에 있어 '중용지도中庸之道'가 필요하다.

우리가 살면서 중용을 간과해서 비롯되는 폐해는 부지기수다. 인간의 욕구가 끝이 없기에 이를 자제하지 않으면 중용을 유지하지 못하고 과하거나 모자라 일을 그르치는 경우가 얼마든지 있다.

가끔 고위층의 인사가 자리를 유지하고 더 높은 자리를 탐하다가 물러날 때를 놓쳐 마침내 인생의 종지부를 잘못 찍는 경우를 보면 안타깝기 그지없다. 또한, 돈에 눈이 멀어 권력을 남용하여 부정, 불의와 타협하며 축재를 일삼다가 쇠고랑을 차고 마는 공직자도 있다. 바늘도둑이 소도둑 된다는 속담도 있지 않던가. 대수롭지 않게 생각하고 시작한 사소한 도둑질이 도를 넘으면 대도가 된다는 뜻이다. 운동도 지나치면 노동이 되고 독이 되어 건강을 해친다. 보약이나 좋은 음식이라도 과식하면 되레 건강을 해치고, 재미있고 즐거운 놀이나 오락도 도가 넘으면 불락不樂이다. 최근에 게임에 빠져 젖먹이를 혼자 두고 오랜 시간 집을 비웠다가 어린애가 질식사한 경우도 있다. 이 경우는 복합적인 철부지 엄마의 비행이지만 과한 게임이 원인이다. 모두가 중용의 도를 간과한 결과다.

몇 해 전, 아침 운동 차 인근 공원에 올랐다가 평소 알고 지내는 지인의 부인을 만났다. 지인의 안부를 묻자 긴 한숨을 쉬면서 “과유불급의 결과죠.”라고 말했다. 머리 좋고 순발력 있는 그 지인이 자신을 통제하지 못하고 중국에다 투자한 게 잘못되어 자본회수를 위해 현지에 체재하며 어렵게 지낸다고 했다. 도를 넘은 과욕이 부른 결과다.

너무 더럽거나 너무 맑지도 않은 물에 여러 가지 종류의 물고기가 살 수 있지 않던가. 모든 사회현상이 중용의 시각으로 조명해보면 어느 것 하나 해당하지 않는 게 없다. 중용을 소홀히 할 수 없는 게 우리의 일상이다. 매사가 조종, 통제를 적절히 잘하여 중용을 지킴으로써 원만할 수 있기 때문이다. 만약 이를 소홀히 하면 과하거나 모자라 성패가 갈릴 수 있다. 지혜롭고 현명한 과유불급을 실천하는 노력이 절실하다.

〈2016.5.24.〉

근신해야지

우체국에 갔다. 번호표를 뽑고 순번을 기다렸다가 차례가 되어 창구 앞으로 갔다. 무심코 근무하고 있는 여직원에게 "축의금을 송금하려고요." 하면서 보내온 청첩장을 아예 봉투째 내밀었다. 원래는 내가 용지를 받아서 빈칸에다 송금하는 내역을 이것저것 기재사항을 적어야 하는데 그냥 무작정 내민 것이다. 그런데 여직원은 그런 절차를 따지지도 않으며 주저하지 않고 자기가 용지를 꺼내어 내가 건네준 청첩 봉투를 보면서 기재사항을 적었다. 그 순간 속으로 고맙다 생각하고 있는데 갑자기 말을 건넸다. "하나도 안 변하셨네요?" 나는 깜짝 놀라 고개를 들어 여직원의 가슴에 찬 이름표를 보면서 "아!~ 도청지점에 근무하셨나 봐요?" 하고 계면쩍게 대답 겸 질문을 했다. 그렇지 않고는 우체국 직원이 나를 알아볼 사람이 없다는 생각이 들어서였다.

"예! 아시잖아요? 여전하시네요. 오히려 그때보다 더 젊어지신 것 같네요." 자기가 나를 아는 것처럼 나도 자기를 당연히 알지 않느냐고 말했다.

"젊어지긴 뭐 젊어져요. 퇴직한 지가 6년이 넘었어요."

"정말이에요. 젊어지시고 힘이 왕성하게 넘쳐 보이네요. 늘 바쁘게 정열적으로 사시니까 그렇죠." 말투가 무서웠다. 나의 근황까지 상당히 아는 것 같아서였다.

"요즈음은 어떻게 지내세요? 바쁘게 사시는 것 같던데요."

"바쁜 척하며 살아요. 한가히 지내지는 않죠. 아침부터 뭘 하는지 앉아볼 새 없이 하루가 가곤 합니다."

그 직원은 가끔 매스컴이나 구전을 통하여 나의 근황을 짐작하고 있는 듯했다. 솔직히 나는 그 직원을 알지 못한다. 갑자기 머리가 찡하며 복잡해졌다. 내가 모르고 있는 사람이 나를 이렇게 알고 있으니 나의 운신의 폭이 얼마나 조심스러운가.

바로 얼마 전 대중목욕탕에서의 일이다. 올해 들어 헬스운동과 목욕을 병행하려고 정기권을 사서 거의 매일 목욕을 하고 있다. 그런데 한 달 전쯤엔가 탕 안에서 중년 남자 한 분이 "안녕하세요? 오랜만입니다." 하며 인사를 건넸다. 순간 나는 내 귀를 의심했지만 그분의 시선은 분명 나를 향하고 있었다. 나는 얼른 멋쩍어 하면서도 "아~ 안녕하세요?" 하고 인사를 했다.

"집이 이 근처인가 봐요? 여기에 자주 오세요?"

"예, 여기서 가깝습니다."

그때까지도 그분이 누구인가 생각이 나질 않았다. 나는 빨리 그곳을 빠져나와 피하고 싶었으나 그러지도 못하고 속으로 진땀을 흘리며 쩔쩔 맬 수밖에 없었다. 그런데 그분과의 만남은 그것으로 끝나지 않았다. 그 후로도 2~3일 간격으로 만나게 되었고 만날 때마다 그분은 나에 대한 여러 가지 말을 걸어오곤 했다. 그런 걸 보면 그분은 확실히 나를 알고 있었다. 나만 그분을 모르는 것이다. 몇 번 만나고 난 터이라 그분을 모른다고 말할 수도 없게 되었다. 이미 때를 놓친 것이다. 참으로 난처하고 난감할 따름이다.

내가 6급 공무원으로 도청 감사부서에 근무할 때니까 한 삼십 년 전쯤의 일이다. 모시市에 개인적인 볼일이 있어 갔을 때이다. 보도를 걸어가고 있는데 갑자기 시청에 근무하는 공무원이라면서 나에게 다가와 부시장께서 나를 만나고 싶어 하니까 시청까지 같이 가주기를 권했다. 나는 부시장을 모르는 처지도 아니어서 그 공무원을 따라 시청까지 갔다. 오늘날처럼 휴대폰이 있는 시절도 아니고 공중전화만 있던 시절이라 부시장에게 그 연유를 즉시 확인도 어려운 형편이어 하는 수 없이 시청까지 따라갔었다. 부시장이 나를 만나자 했던 이유는 너무나 어처구니가 없었다. 나를 아는 어느 시청 공무원이 시내버스를 타고 가다 차창 밖으로 내가 걸어가는 걸 보고 바로 시청에 연락하여 부시장이 알게 되었다고 한다. 내가 감사 부서에 근무하기 때문에 행여 무슨 암행을 하러 온 것으로 생각했다고 했다. 그 때문에 나는 뒤 늦게야 볼일을 볼 수밖에 없었다.

한 가지만 더 살피려고 한다. 언젠가 현직에 있을 때 일이다. 동료 직원들과 함께 회식 후 노래방에 갔다. 일행이 돌아가며 저마다 십팔번(단골로 부르는 노래)을 부르며 분위기가 무르익어갈 즈음에 화장실에 가려고 노래방 밖으로 나왔다. 화장실을 향하여 통로를 걸어가고 있는데 뒤에서 "교수님!" 하고 부르는 것이다. 순간 정신이 번쩍 들었다. 뒤를 돌아보니 얼른 누군가 눈에 들어오지 않았다. 주춤하며 서성이고 있는데 "저~ ○○대 ○○○○○과 졸업한 ○○○입니다."라고 말했다. 나는 잘 기억이 나지 않아서 "아~ 그래요. 몰라봐서 미안해요."라고 말하면서 악수를 청했다. 그렇게 계면쩍을 수가 없었다.

이런 경우가 비단 위에 언급한 경우만 있는 게 아니다. 손꼽을 수 없을 만큼 많다.

내가 미처 모르거나 잊고 있는 나를 아는 사람이 참으로 많다. 좋은 일이다. 그리고 행복한 비명이다. 지금까지 살면서 다 내가 쌓은 인연의 결과다. 누구나 마찬가지겠지만 나는 많은 인연을 맺었다. 학연, 지연, 친인척 말고도 사회적 인연도 많다. 특히 한꺼번에 다수와 인연을 맺을 수 있는 경우가 더러 있었다. 그중에 제일 많은 인연을 갖게 된 것이 강의를 통해서다. 공무원을 상대로 한 강의는 물론 수년간 대학에서의 강의, 일반인을 상대로 한 강의 등은 짧은 시간에 많은 인연을 만들게 된다. 이렇게 해서 형성된 인연은 다분히 나는 잘 모르거나 기억하지 못해도 상대는 나를 알고 있게 된다.

많은 사람이 나를 알고 있다는 것은 분명 나에게는 행복한 일이다. 그러나 나는 모든 면에서 조심하고 근신하게 된다. 길을 가다가 남몰래 무단횡단 한번 못한다. 어디서 무엇을 하던 행실을 바르게 하고 정직해야 한다. 언행을 함부로 하지 않아야 하고 가까운 가게를 갈 때라도 복장을 아무렇게나 하고 나갈 수도 없다. 언제 어디에서 나를 아는 사람이 나의 언행을 지켜보고 있을지 모르는 일이다. 마치 나의 일거수일투족이 감시당하고 있지나 않을지 모르는 일이다. 그러므로 항상 정도로 살아야 한다. 과장해서 말하면 모든 언행을 살얼음판을 걷듯이 조심해야 한다.

어떻게 생각하면 나에게 상당히 불편할 일일 수도 있다. 그러나 돌이켜보면 정말 감사하고 행복한 일이다. 나를 아는 많은 사람들 속에 묻혀 그들의 관심과 사랑을 받으며 살고 있음을 생각할 때 얼마나 가슴 벅찬 일인지 모른다.

또한, 자칫하면 흐트러지고 방만해질 수 있는 나의 일거수일투족을 늘 무언으로 바로잡아지게 하는 스승으로 작용하고 있어 감사하다.

아무튼 세상을 살아가는 지혜는 오직 겸손과 조심뿐인 것 같다. 수없이 강조해도 지나침이 없는 것이 근신이다. 근신해야지.

〈2014.5.14.〉

현대판 노예

2013년 12월 어느 날엔가 우연히 TV 채널A에서 방송하는 '삼형제 실종 미스터리' 편을 보게 되었다. 시청하면서 내내 충격과 경악을 금치 못했다. '세상에 이럴 수가?' 라는 말밖에 나오지 않았다. 비인간적이고 잔인한 얘기를 가끔 듣기는 했으나 참을 수 없는 분노가 치밀어 왔다.

국도를 운전하다 기괴한 일을 겪었다는 제보자의 블랙박스에 의하면 자정이 넘은 시간에 한적한 국도를 달리던 승용차 앞으로 한 남자가 다급하게 뛰어들었다. 허름한 옷을 입고 악취를 풍기며 무작정 집에 데려다 달라고 호소하는 남자였다. 제보자가 자초지종을 묻자, 남자는 대답 대신 도로 옆 수풀 속에서 자신과 비슷한 행색의 또 다른 남자를 데리고 나왔다. 그 남자는 발목에 부상을 입고, 심지어 온몸 여기저기에 상처가 가득했다. 제보자가 그들을 차에 태우려는 순간 트럭을 타고 온 건장한 남자 2명이 나타났다. '자신의 조카인데 지적장애인이라 가끔 이렇게 가출을 한다.' 며 정중하게 사과를 한 후 그들을 데리고 사라졌다.

프로그램 제작진이 블랙박스 영상을 토대로 그 차량을 추적한 결과, 인적이 드문 한 마을의 돼지 축사에서 차에 뛰어들었던 남자들을 발견했었다. 그들은 제대로 된 옷도 입지 않고, 마치 누추한 거지 행색으로 500여 마리의 돼지들 사이에서 불편한 몸을 질질 끌며 힘겹게 배설물을 치우는 일을 하고 있었다. 나중에 알고 보니 그중 한 사람은 동상에 걸려 치료하지 않으면 다리를 절단해야 할 정도로 몹시 아픈 상태였다. 먹을 것도 제대로 주지 않았는지 배가 고파 돼지들에게 줄 음식 찌꺼기 잔반을 주워 먹기까지 했다. 중노동을 하는 그들에게 라면 하나를 던져주며 끓여 먹으라 했다. 그들 곁에서 일을 시키는 축사 주인은 이들에게 심한 폭언과 폭행을 퍼부으며 강제 노역을 시키고 있었다. 밤에는 빈 창고 같은 곳에 집어넣고 밖에서 문을 잠가 감금했다. 추운 날씨임에도 차디찬 콘크리트 바닥에 덮을 것도 없이 잠을 자게 하여 두 남자는 서로 몸을 맞대고 웅크린 채 밤새 떨어야 했다. 내가 볼 때 두 남자는 금방이라도 아사나 동사로 죽을 것만 같았다. 너무나 마음이 아프고 안타까웠다. 그들에게 가하는 축사 주인의 언행은 사람에게는 할 수 없는 짓이었다. 아니 짐승에게도 그렇게 가혹하게는 못할 것 같았다. 사람이 저렇게 악할 수 있는가 하고 저절로 혀가 차졌다. 한눈에 보아도 그들은 정상인이 아니고 어딘가 모자라는 듯이 보였다. 축사 주인이 말한 조카는커녕 아무런 인척관계도 아니라는 것을 직감할 수 있었다. 불법 감금 및 폭행이 분명해 보였다. 일련의 광경을 지켜보던 프로 제작진은 급기야 경찰을 대동해 현장을 급습하여 두 남자를 구출해냈다.

그러나 두 남자는 자신들이 어떻게 그곳에 오게 되었는지 설명이 불가능했다. 축사 주인은 이들을 직업소개소를 통해 소개받아 데리고 왔을 뿐이라고 했다. 경찰 수사 결과 그들은 5개월 전 실종신고가 접수된 지적 장애인 형제로 밝혀졌다.

두 형제는 홀어머니 아래서 자랐고 노모가 갑자기 교통사고를 당하여 시설에 보내진 후 일주일 만에 실종되었던 것이다.

이들이 축사에서 억지 노예생활을 하게 된 데에는 세 모녀가 살고 있는 옆집으로 이사 온 한 여인에 의해서였음이 밝혀졌다. 그 여인은 처음부터 불순한 의도를 갖고 계획적으로 이들에게 접근하여 형제를 알뜰히 살피는 등 호감을 사려고 온갖 노력을 다했다. 마침내 노모와 급격히 친해져서 가정사를 속속들이 알고 지냈으며 노모의 금전관리까지 맡아서 해주게 되었다. 그러다 노모가 사고로 거동이 어렵게 되자 지적장애가 있는 형제를 직업소개소에 팔아넘겼다. 노모에게는 가출이라고 속이고 실종신고를 한 것이다.

또 다른 충격적인 사건을 소개하면 이렇다.

2014년 2월 7일자 주요 일간지는 창살 없는 감옥에서 혹독한 노동을 하며 임금을 착취당하는 등 사실상 노예나 다름없는 생활을 하다 탈출한 사건을 일제히 보도했다.

전남 신안군의 외딴 섬에서 염전 노예로 지내던 장애인 두 명이 구출된 사건이다.

서울 구로경찰서에 따르면 장애인 두 명을 감금하고 노동착취와 구타를 일삼은 직업소개소 직원 고 모 씨(70)와 염전 주인 홍 모 씨(48)를 영리약취·유인 등의 혐의로 형사입건했다.

고모 씨와 홍 모 씨는 지난 2008년 11월 지적장애인 남성 채 모씨(48)와 2012년 7월 김 모 씨(40)를 꾀어 전남 신안군에 있는 외딴섬 염전으로 데려왔다.

경찰에 따르면 지적장애인 채 모 씨는 2008년 11월 전남 목포의 한 직업소개소에서 만난 고 모 씨에게서 "좋은 일자리가 있다."는 말을 듣고 배로 두 시간 거리인 홍 모 씨의 염전으로 갔었다.

지난 2000년 큰 카드빚을 지고 가출한 김 모 씨는 10여 년간 막노동판을 전전하며 노숙생활을 했다. 그러다가 그는 노숙자 무료급식소에서 직업 소개업을 한다는 이 모 씨(63)를 우연히 만났다. 이 모 씨는 숙식이 제공되는 염전에서 일하는 게 어떠냐며 김 씨를 꼬였다. 시각장애인 5급 판정을 받은 김 씨는 직업을 구하기 힘들었기 때문에 이 씨의 말대로 역시 홍 모 씨의 염전으로 들어가게 되었다.

채 모씨는 외딴섬 염전에서 노예처럼 5년 2개월 동안 일하면서 한 푼도 받지 못한 것으로 알려졌고 김 모 씨 역시 1년 반을 무임금으로 강제노역을 했다고 한다. 6,000여 평의 염전 주인 홍 씨는 염전 일은 물론 농사, 공사, 집안일 등을 시키면서 이들을 노예처럼 부렸다. 하루 평균 18시간을 일을 시키면서 일이 서툴다고 따귀를 때리고 각목과 쇠파이프, 삽 등으로 폭행을 가하기도 했다.

일명 섬 노예라 불리고 있는 신안 염전 노예 김 모 씨는 먼저 끌려온 채 모 씨와 도주를 시도했으나 번번이 실패를 했고 그 결과 날로 심해지는 폭력행사를 견뎌야만 했다.

김 모 씨는 지난 1월 13일 이발을 하러 읍내에 갔을 때 '섬에 팔려와 도망갈 수 없으니 구출해 달라. 소금을 사러 온 것처럼 위장하라.' 는 내용이 담긴 편지를 사람들 눈을 피해 우체국에서 모친에게 보냈다. 편지를 받은 어머니는 경찰서에 구조요청을 보냈고 경찰은 수사팀을 꾸려 김 모 씨가 있던 외딴섬을 찾아 두 남성을 구조했다.

구로경찰서 형사과장은 "외진 섬에서 피해를 입는 사람들은 대부분 장애인이나 노숙자다. 이들은 작업장에서 벗어나거나 신고를 할 수 없도록 감시와 통제를 받고 있다." 며 "목격하게 되면 외면하지 말고 즉시 관계기관에 신고해주길 바란다." 고 당부했다.

동물에게도 그렇게 할 수가 없다. 하물며 인간이 인간을 동물보다 못한 취급을 하다니 잔인하기 그지없다. 인간이 어디까지 얼마나 악해질 수 있는가? 중죄를 지은 사람도 인권은 보호 받아야 하는데 단순히 신체적 장애가 있음을 약점으로 삼아 신체적 학대를 가하고 강제노역을 시킨 것은 무엇으로도 용서할 수가 없다. 이성과 감성이 있는 인간이 동물보다도 못한 짓을 자행함에 있어 끓어오르는 분을 삭일 수가 없다. 천인공노할 짓을 하고도 당사자들은 어떻게 밥 먹고 잠자며 편안히 살 수 있었을까? 한 개인의 영리를 위하여 인간의 고귀한 인권을 깡그리 유린하고 존엄성마저 무참히 짓밟아 버린 행위는 마땅히 엄벌에 처해야 한다. 그들이 당한 만큼 이상의 고통을 겪게 해야 한다.

차제에 우리사회 그늘진 곳곳에 숨겨진 이와 유사한 사례는 없는지 국가적으로 나서서 살펴보아야 할 일이다.

노예라는 말까지도 사라져야 할 판에 현대판 노예가 존재하고 있다니 충격 그 이상도 이하도 아니다. 참으로 각박하고 무서운 세상이다. 한숨만 나온다.

〈2014.2.17.〉

충격의 대참사

2014년 4월 16일 오전 8시 50분경 인천을 출발하여 제주로 향하던 여객선(사실상여객 · 화물 겸용선임) 세월호가 전라남도 진도군 조도면 맹골수도孟骨水道(맹골도와 거차도 사이에 있는 길이 약 6km, 폭 약 4.5km의 수도) 해역에서 침몰했다. 한국 역사상 최악의 해양 참사로 기록된 사고다. 이 배에는 수학여행 길에 오른 안산시 단원고등학교 2학년 학생 3백여 명을 비롯한 총 476명이 타고 있었다고 알려졌다. 사고 발생 초기에 뉴스 속보에는 단원고 학생 대부분이 구조되었다는 등 불행 중에도 희망 섞인 보도가 나오기도 했다. 사고 직후부터 지금까지 온 국민의 눈과 귀는 세월호 침몰사고의 구난에 쏠려 있다. 그러나 시간이 흐르면서 대부분 구조되었다던 학생들은 구조되지 않았고 정확한 승선 인원과 구조 인원의 파악이 사고 당일 내내 우왕좌왕했다. 정부의 공식 발표도 하루에도 몇 번씩 번복되었다. 이런 와중에 구조를 위한 활동도 체계 있게 손을 쓰지 못하고 배가 가라앉는 모습만 안타깝게 바라볼 수밖에 없었다. 승선자들 본인은 말할 것도 없고, 그들의 가족과 이를 바라보는 온 국민은 가슴 조이며 발을 동동 구르고 애가 타들어 갔다. 그렇게 별다른 구조성과도 없이 하루하루가 지나갔고 지금까지 매일 구조 상황만을 바라보며 34일이 지났다. 세계 각국의 언론은 톱뉴스로 세월호 참사를 보도하면서 부끄러운 후진국형 인재라고 떠들어대고 있다. 그동안 대한민국은 멈춰버렸다. 국가적인 재난을 당한 마당에 국민은 모든 분야에서 자중하고 자숙하는 분위기 속에 숨죽이고 움츠리며 지내고 있다. 국가적으로나 개인적으로 즐겁고 기쁜 일이 있어도 내색도 못하고, 해마다 해오던 각종 축제나 행사도 축소하거나 취소가 뒤따랐다. 국내외 여행도 자제했고 음주 가무는 금기시됐다. 이 때문에 각종 업소는 매출이 급감하고 심지어 상당수 업소는 생계까지 위협받는 상황에 이르기도 했다. 한꺼번에 전 국민이 초상을 당한 분위기 속에서 희생자들의 정부합동분향소에는 사망자를 추모하기 위한 애도의 물결이 현재까지도 줄을 잇고 있다. 476명이 승선했다고 알려져 있지만, 아직도 정부의 발표를 믿지 못하겠다. 총 승객 수는 이보다 많았을지도 모른다고 일부 언론에서는 꼬집고 있다. 구조된 인원은 172명이고 나머지 승선 자는 사망이나 실종된 상태다. 사실상 실종자로 분류된 사람들도 사망이나 다름없다.

세월호는 1994년 6월 일본 나가사키에서 건조되어 가고시마~오키나와 간을 2012년 10월 1일까지 18년 이상 운항했던 배다. 그 후에 우리나라의 청해진해운이 중고로 이 배를 도입하여 개수 작업을 거친 후 2013년 3월부터 인천-제주 항로에 투입하였다. 여객 정원은 921명에 차량 220대를 실을 수 있으며, 21노트의 속도로 최대 264마일을 운항하는 것으로 알려졌다. 세월호의 소유주인 청해진해운은 추가적인 승객 공간을 만들기 위해 선박을 조건부 개조했으나, 참사 시에는 적재한도인 987톤의 거의 4배가 되는 3,608톤의 화물을 싣고 있었으며 최근 수년간 저렴한 항공사에 승객시장을 잃어 화물의 운송수입에 점점 크게 의존하게 되었다고 전한다.

사고 원인이 현재까지 정확히 밝혀지지 않고 있는 가운데 수사당국에서 수사를 진행하고 있으므로 앞으로 전말이 밝혀지리라 믿는다.

이번 사고에서 가장 큰 문제 중 하나는 승객의 안전과 생명을 책임져야 할 선장과 선원의 행태다. 한두 명을 제외한 이들 모두는 침몰하고 있는 배안의 수많은 승객의 구조는커녕 자신들만 탈출하는 데 급급했다. 더욱이나 기막힌 일은 배가 침몰하고 있는데도 움직이지 말고 그대로 있으라는 방송만 했다고 한다. 있을 수 없는 이들의 비도덕적 행위가 결국 살릴 수도 있었던 많은 생명을 죽음으로 내몰았다. 사고 당시 운항도 선장이 아닌 3등 항해사가 했고, 첫 구조 요청도 선원이 아니라 승객인 학생이었다고 한다.

사고 소식을 들은 해양경찰 역시 초동단계부터 구난구조가 오합지졸이었다. 제대로 된 매뉴얼도 없었고 준비도 인력의 투입도 허둥대는 모습으로 일관했다. 구난구조를 총지휘하고 통제하는 정부의 조직도 여러 갈래로 나뉘어져 있어 혼선만 빚었다. 세월호의 소유주인 청해진해운은 아예 먼발치로 물러나 있고 그나마도 전면에 보이는 책임자라는 사람들도 밝혀진 내용으로는 실질적인 권한이 없고 사실상 소유주라는 유병언 일가는 행방이 오리무중이다. 검경檢警은 유병언 일가의 행방을 추적하기 위하여 필사적인 노력을 하고 있다. 행방이 묘연한 유병언은 오래전에 세상을 떠들썩하게 했던 충격의 오대양 사건과 무관치 않다고도 한다. 그의 일가는 소위 구원파라고 불리는 기독교복음침례회의 교주라고 한다. 기독교복음침례회는 1962년에 유병언과 그의 장인인 권신찬이 함께 설립했다고 한다.

사고 원인을 밝히기 위한 수사를 하다 보니 우리 사회의 뿌리 깊은 낙하산 인사, 전관예우 등으로 인하여 지도하고 감독해야 할 기관에 제대로 영향력을 행사할 수 없는 인적구조가 자리하고 있음을 곳곳에서 발견했다. 심지어 수사를 지휘하고 있는 해경의 간부가 세월호의 실소유주와 잘 아는 관계이기도 했다. 이번 사고의 수사를 진행하면서 관련기관과 관계자들 이 요소요소마다 얽히고설킨 유착, 부정, 부조리, 관행, 악습 등으로 뿌리 깊게 자리하고 있음이 드러났다. 우리 사회의 이러한 행태는 비단 어제 오늘의 일이 아니고 관행처럼 당연시 되었고 오래된 적폐積弊였다. 우리 사회 전반에 수십 년간 쌓이고 지속되어 온 고질적인 병폐였다. 다만 알고 있으면서도 국민 모두가 무디어 있었고 모르는 척했을 뿐이다. 그러다 보니 어디서부터 무엇을 어떻게 손질해야 할지 도무지 엄두가 나지 않는다. 그야말로 말 그대로 나라가 총체적인 난국이다.

2014년 5월 19일 오전 9시 세월호世越號 침몰 사고와 관련하여 대통령의 대국민 담화 발표가 있었다. 사고가 발생한 지 34일 만에 종합적인 대책을 마련하여 담화 형식으로 발표한 대통령의 대국민 사과 겸 담화였다.

대통령은 국민의 생명과 안전을 책임져야 하는 대통령으로서 국민 여러분께서 겪으신 고통에 진심으로 사과드리고, 이번 사고에 제대로 대처하지 못한 최종 책임은 대통령에게 있다면서 머리를 조아려 진심 어린 사과를 했다. 담화 시작부터 얼굴 표정이 숙연히 굳어져 있음을 읽을 수 있었다.

담화는 해경海警을 해체하고, 국가안전처와 행정혁신처를 신설하고, 공직사회를 채용방식부터 원천적으로 개혁하겠다고 했다.

또한, 이번 사고의 모든 진상을 낱낱이 밝혀내고 엄정하게 처벌할 것과, 앞으로 심각한 인명피해 사고를 야기하거나, 먹을거리 갖고 장난쳐서 많은 사람들에게 피해를 준 사람들에게는 엄중한 형벌이 부과될 수 있도록 형법 개정안을 제출하겠다고 했다.

그러면서 그동안 국민 안전을 위한 대책과 국가개조 전반에 대해 말씀드리기까지 번민과 고뇌의 연속된 날들이었다고도 했다.

대통령은 또 과거와 현재의 잘못된 것들과 비정상을 바로잡고 새로운 대한민국을 만들기 위해 모든 명운을 걸고 국민과 함께 힘을 모아 오늘보다 나은 내일을 만들고, 아이들에게 자랑스러운 대한민국을 반드시 만들어 가겠다고 했다.

담화를 마치면서 세월호 참사에서 생사의 기로에서도 여러 모양으로 자신의 몸을 던져 다른 사람을 구하고 자신은 불귀의 몸이 되어 영영 돌아오지 못한 의사자들의 이름을 일일이 부르기 시작했다. 호명하는 동안 대통령의 표정은 굳어져 갔고 목소리는 점점 메어갔다. 눈가에는 눈물이 글썽이기 시작했고 울먹이는 말로 끊길 듯 말을 간신히 이어갔다. 마침내 대통령의 두 볼에 눈물이 흘러내리고 대통령은 끝내 울어버리고 말았다. 순간 대통령은 만감이 교차하는 것처럼 보였다. 나도 따라 어느새 눈가에 이슬이 맺히고 있었다.

그날 오후 나는 TV의 뉴스 시간에 정상 외교를 위해 아랍에미리트(UAE)로 떠나는 대통령의 뒷모습을 보았다. 오전에는 침통하고 참담한 심정으로 국민 앞에 사과하며 눈물을 흘리고, 오후에는 상한 마음을 달래며 국익을 위해 쓸쓸히 전용기에 몸을 싣는 그 모습은 내 마음을 짠하게 하기도 했다. 대통령이기 이전에 범인으로서 마땅히 정붙일 피붙이마저 변변찮은 그가 그날따라 너무나 안쓰러웠다. 견디기 힘든 일을 당해도 인간적 고뇌를 털어놓고 하소연할 사람 없이 혼자서 그 큰 짐을 다지고 삭혀야 하는 대통령! 수많은 번민과 고뇌가 밀려올 때면 얼마나 외롭고 두렵겠는가. 그러나 대통령은 대범하고 비장해야 하며 단호해야 한다. 사사로운 정이나 인연에 얽매여서는 안 된다. 국운을 짊어진 막중한 책임이 주어진 자임을 잊지 말아야 한다. 새로운 대한민국을 만들기 위하여 전면적으로 국가개조를 하는 데에 자신의 명운을 바치겠다고 비장한 각오를 내비친 제18대 박근혜 여성 대통령! 구호에 그치고 일과성이 되어서는 절대로 안 된다. 더는 이런 일이 발생하지 않게 전면적으로 나라를 뜯어 고치길 바란다.

아끼고 사랑하는 수많은 국민을 한꺼번에 해신海神에게 내어주고 만 비통함에 준비된 말문을 채 닫기도 전에 끝내 울먹였던 대통령! 다시는 이러한 비통함을 당하지 않도록 이참에 국가의 기틀을 확고히 다지는 계기가 되길 바란다.

이제 이즈음에서 온 국민이 한 가족이 되어 상처를 함께 보듬어 싸매고 다시 태어날 대한민국을 위하여 초심으로 돌아가 머리를 맞대는 것이 마땅하지 않겠는가.

〈2014.5.21.〉

아! 가을이여

숨 막히고 터져버릴 것만 같던 찜통더위가 확실히 꼬리를 내렸는가 보다. 하지만 옛날 같으면 가을이어야 함에도 아직도 더운 날씨가 이어진다. 오래전부터 봄과 가을이 실종된 기후로 변했다. 일 년 내내 덥기 아니면 춥기다. 사분기 사계절을 구분할 수 없게 되었고 겨울의 삼한사온도 옛말이 되어 버렸다. 전국적으로 비가 내리면서 낮 기온도 뚝 떨어져 가을 시작이란다. 아직도 들녘의 곡식이나 열매가 영글고 익으려면 햇볕이 따갑게 내리쬘 것이지만 습도가 많은 여름의 불볕더위와는 사뭇 다른 기분 좋은 햇볕이다.

누군가 가을은 남자의 계절이라고 말했던가. 나를 두고 한 말인 듯하다. 나는 사계절 중에서 가을이 제일 좋다.

가을엔 왠지 가슴이 울렁거리고 안절부절못해진다. 괜스레 부산하고 마음이 바빠진다. 가만히 앉아 있기엔 너무나 계절이 아깝다. 뭔가를 한꺼번에 많이 해보고 싶은 마음이다. 무작정 어디론가 떠나고도 싶고, 어떤 일에 내가 가진 것을 몽땅 써버리고도 싶고, 그 일에 심취해서 몰입해보고도 싶다. 그래도 후회하거나 아깝지 않을 것 같다.

가을엔 누군가에게 말을 걸고 싶다. 아무 말이나 하고 싶고, 무슨 말이든 허심탄회하게 건네고 싶다. 세상사는 얘기를 다 털어놓고 주고받고 싶다. 그래서 같이 웃고 같이 울고도 싶다.

가을엔 모든 것에 대하여 감사하고 싶다. 나를 이 땅에 있게 한 신과 부모님께 감사하고, 절묘하고 아름다운 자연에 감사하고, 내 주변의 모든 보이는 것에 대하여 감사하고 싶다.

형형색색으로 물든 가을 단풍이 이제 곧 나를 사로잡아 버릴 날이 머지않은 것을 나는 안다. 바라만 보고 있어도 황홀한데 그 속으로 파묻힐 수도 있으니 얼마나 기분 좋은 일인가!

가을엔 누군가에게 편지를 쓰고 싶다. 세월의 무상함과 할퀴고 얼룩진 삶의 흔적을 담은 애환의 시간을 다 적어 보내고 싶다. 행과 불행은 어떻게 구분하고 그 경계는 과연 있는가? 사랑과 증오는 왜 시작되는 것인지도 묻고 싶다. 가슴 뭉클한 이야기와 울렁거리고 흥분되는 사랑 이야기도 쓰고 싶다. 또, 파안대소할 유머와 눈물 없이는 못 읽을 쓰라리고 가슴 아픈 사연도 띄우고 싶다. 그리움이 사무친 애틋한 사랑 이야기도 빼놓지 않으련다.

가을엔 어디론가 무작정 걷고 싶다. 그냥 아무 생각 없이 걷고 싶어진다. 꼭 둘이 아니라도 좋을 것 같다. 그러나 사랑하는 이와 함께라면 나는 더없이 행복하게 길을 걸어갈 것 같다. 걷는 것만으로도 좋은 데 사랑하는 사람과 손잡고 걸으면 얼마나 아름다울 것인가! 그냥 말없이 맞잡은 손끝으로 사랑의 밀어를 주고받으며 한없이 걷고 싶다. 더러는 손끝에 전율을 느끼면서 더러는 온몸으로 사랑의 몸짓을 주고받으면서 마냥 그렇게 걷고 싶다. 걷는 그 길은 끝이 없었으면 좋겠다. 그 길이 오솔길이든 흙먼지 날리는 자갈길이어도 좋겠다. 매양 그렇게 언제까지든 걷고 싶다. 조금은 스산한 길이라도 뜨거운 사랑의 훈김이 있다면 그 길은 전혀 외롭지 않게 걸을 수 있으리라.

가을엔 풍성히 베풀고 나누고 싶다. 이곳저곳으로 발길 닿는 대로 서둘러 다니면서 온몸으로 베풀고 두 손 두 발로 나누어 주고 싶다.

병들고 힘없어 제 몸 하나도 못 가누는 사람을 찾아가 내 몸뚱이 내놓아 그들을 대신하고 싶다. 헐벗고 굶주린 사람과 돈 없고 힘없는 사람들만 모이게 하여 사회적 약자의 설움을 가시게 해주고 싶다. 인정이 메말라 사람을 경멸하며 삭막하게 마음이 거칠어진 사람에게 풋풋한 사람 냄새를 맡게 하고 싶다.

가을엔 마음껏 사랑하고 싶다. 진정한 사랑이 무엇인가를 곱씹으며 식지 않은 열정으로 뜨겁게 사랑하고 싶다. 처음 사랑했던 마음이 변하지 않게 더욱더 깊은 사랑에 빠지고 싶다. 사랑 때문에 상처받은 마음을 치료도 해주고 싶다. 사랑한다고 입으로 말하고 실천 없었던 사랑도 이참엔 몸으로 사랑해야겠다. 진정한 사랑은 참되 아주 참고 끝까지 참아야 함도 잊지 말아야겠다. 참된 사랑은 받는 게 아니라 주는 것이란 것도, 주되 다 주는 것이라는 것도 명심해야겠다. 가을에 하고 싶은 것 중에 제일 힘든 게 아마도 사랑일 것 같다. 그래도 나는 사랑을 해야겠다. 많은 사람을 사랑해야겠다. 사랑하면서 살아야겠다. 사랑은 허다한 허물을 덮을 테니까.

가을엔 아내와의 추억이 진하다. 아내를 처음 만난 지 얼마 안 되는 아직은 여름의 끝자락이었던 어느 초가을날 밤에 아내와 나는 부안의 실개천 가에 나란히 앉았었다. 달빛이 훤히 비취고 개울 물 위에는 달이 또 하나 있었다. 달빛 어린 가을 밤하늘이 물 위에 사진처럼 드리워져 있었고 아내와 나는 무슨 심각한 사연이나 있는 것처럼 진지하다 못해 과묵했었다. 특별히 주고받는 말없이 무거운 시간이 흐르고 있었다. 침묵이 언어인 가운데 어쩌다 어렵게 꺼낸 말 한마디는 벼락같이 단답으로 끝이 나고 또 침묵만 이어지는 어색하고 멋쩍은 시간의 연속이었다. 그때 우리는 무슨 말을 했는지 기억도 없다. 아니 기억할 필요도 없다. 우리는 그냥 그렇게 함께 있는 것만으로 행복했고 마냥 좋았기 때문이리라. 훗날 그것을 우리는 연애였다고 가끔 회상하곤 한다.

아내에게 쓴 편지도 가을에 쓴 것이 제일 많다. 아내와 내가 생의 동반자가 되자고 고백하고 가약한 것도 만추의 11월이었다. 평생을 몸 바쳐온 공직 생활의 시작도 가을이었다.

가을은 그렇게 내 생의 중심에 점 찍혀 자리하고 있는 추억 어린 계절이다. 마치 가을은 나 혼자만의 계절인 듯하다. 나한테만 있는 특별한 계절인 것 같다. 왠지 가을이 오면 마음이 들떠진다. 가슴이 울렁거리고 괜히 콩닥거린다.

고개를 들어 가을 하늘을 보자. 구름 한 점 없이 맑고 깨끗한 가을 하늘을 보자. 속세에 찌든 우리를 보듬어 안을 준비를 하고 있지 않은가.

가을 하늘처럼 티 없이 맑게 우리의 마음도 다 비워보자. 공空은 빈 것이니 모두를 아우를 수 있을 것이거늘…….

〈2014.9.26.〉

키스 존

그냥 앉아 있을 수가 없었다. TV의 주요뉴스에 부산 해운대구에서 키스 존을 설치한다는 자막이 흘러가는 것을 보았기 때문이다. 처음에는 내 눈을 의심해서 다시 자막이 되돌아 지나기를 기다렸다가 확인하니 내용이 맞았다. 한참을 생각하다가 아무래도 내 정서로는 도저히 이해할 수가 없었다. '뭐야, 개인도 아니고 자치단체에서 키스 존을 설치하다니…….'

이름도 생전 처음 들어보는 '키스 존' 이라니 도대체 이게 뭔가 하는 생각에 머릿속이 멍해졌다. 다른 뉴스는 보는 둥 마는 둥 건성이고 그 생각이 영 마음에 걸렸다. 서재로 들어와 컴퓨터를 열고 인터넷 검색을 하여 보도내용을 확인해보니 사실이었다. 보도 내용은 해운대구에서 APEC 나루 공원에 연인을 위한 '키스 존' 을 설치하는 방안을 적극적으로 검토하고 있다고 했다. 수영을 조망할 수 있는 곳 바닥에 '키싱 포인트(Kissing Point)' 라는 문구를 넣은 원형 조형물을 설치해 낭만적인 추억을 만드는 공간으로 조성하겠다는 것이다. 해운대구는 또 키스 사진 전시회 등 다채로운 이벤트를 열어 키스 존을 관광 상품으로 개발할 방침이라면서 매년 한 차례 해운대구에 거주하는 미혼남녀를 대상으로 만남의 날 이벤트도 마련할 예정이라고 한다. 구체적인 계획과 시설내용을 아직은 알 수 없으나 과연 자치단체에서 해야 할 사업인지 쉽게 수긍되지 않았다.

몇 년 전 일 거다. 우리나라에 키스방이라는 게 생겼다. 정식 허가를 받아 영업 하는 업소라고 했다. 그때도 나는 충격이었다. 내가 시대 감각이 뒤떨어진 보수적인 사람일까? 무엇이든 대세에 적응하고 받아들여야 하는 게 과연 옳은가? 자문해 봐도 영 그건 아닌 성싶다. 국제화 시대에 세계가 하나처럼 돌아간다지만 받아들여야 할 문화가 따로 있다. 인간의 원초적이고 기본적인 윤리를 저버린 퇴폐나 음란 문화까지 무분별하게 수용하는 것은 문제가 있다. 우리가 감상적으로 알고 있는 키스 말고 이참에 키스가 무엇인지를 알아봤다. 물론 엄마가 아기에게 하는 입맞춤과 뽀뽀와는 개념이 다른 성인 남녀 간의 그것을 말한다. 애드리언 블루(Adrianne Blue)가 지은(이영아 옮김) 《키스의 재발견》이란 책을 보면 '본능으로서의 키스' 란 장章에서 '키스라는 행위를 하는 동안 두 사람은 생물학적으로 동등한 존재로서 의사소통한다. 그것은 남녀가 같은 기관으로 행하는 성적인 행위이다.' 라고 나와 있다. 또, 옮긴 이는 키스는 입술과 입술이 맞부딪는 신체적 행위이자 동시에 우정, 사랑, 경외심, 회유 등을 상징하는 기호라고 하면서 그 행위 자체가 암시하고 상징하는 바는 상황에 따라 달라진다고 했다. 어쨌든 키스라는 개념은 우리가 생각하는 관능적인 행위임에는 분명하다. 키스는 분명 성행위의 연장선에서 생각하여야 한다. 그런데도 돈벌이나 지역경제 내지는 관광을 빌미로 정당성이 부여되는 것은 맞지 않다고 본다. 인간의 성性은 아름다운 것이다. 적당히 베일에 가려져 감춰질 때 성스럽고 숭고하기까지 한 것이다. 만물의 영장인 인간이 인륜과 도덕을 저버리고 동물처럼 원초적 본능대로 행동한다면 더는 인간이기를 포기하는 것이나 다름없다. 이미 우리나라는 전통적으로 가부장적 사회에서 아이의 성姓을 부부 중 어느 한 성이나 둘의 성을 합성한 성으로 해도 괜찮게 되어 족보와 뿌리가 불분명하게 되어버렸다. 거기다가 업소라는 매개를 통하여 공인된 장소에서 성인 남녀가 키스를 허용하는 시대가 되었으니 인간의 타락이 어디까지 갈 것인지 끝이 보이지 않는다. 아무리 개방된 시대라고 하지만 어디까지가 음란이고 퇴폐인지도 모르겠다. 이대로 가다가는 성매매도 정당화되는 것은 아닌지 걱정이다. 우리나라는 아직도 대부분 사람이 키스는 남이 보지 않는 곳에서 해야 하는 연인 사이의 사랑 행위로 인식하고 있다. 그런 행위를 영업화하고 장려하는 것은 어떤 이유로도 정당화될 수 없다고 생각한다. 차제에 분명하게 단언하건대 키스방이라는 영업의 허가는 반드시 재검토되어야 한다. 허가란 금지된 행위의 해제를 뜻한다. 따라서 키스방이란 영업 행위의 허가를 할 때는 큰 틀에서 어떤 것이 국가적으로나 사회적으로 공익이 있는가를 폭넓게 검토하여 신중하게 결정했어야 마땅하다. 그런 맥락에서 볼 때 성姓의 임의 사용제도나 키스방 같은 영업의 허가는 마땅히 재검토되어야 한다. 확실치는 않지만, 일본에서 키스는 성교에 앞선 전희로만 간주하기 때문에 남성에게 혀 키스를 하지 말라고 경고한다고 한다. 그 때문에 오늘날 일본에서는 형식적인 키스나 인사치레로 하는 키스가 없어졌다고 한다. 성에 관하여 일본 나름대로 규범이 있고 키스 문화도 있을 것이지만 국가적 차원에서 신중한 태도를 보이는 것이다.

우리나라는 지방자치시대를 맞아 각급 자치단체의 장이 민선으로 뽑혔다. 단체장은 선거직이라서 당연히 지역 주민인 유권자의 표를 의식하지 않을 수 없다. 따라서 각종 선심성 사업이나 축제를 벌이기가 일쑤다. 그러다 보니 주민의 복리증진과 지역경제의 활성에는 다소 거리가 먼 사업과 행사를 기획하고 시행하는 경우가 있다. 모든 사업을 깊이 있고 면밀하게 검토하지 못하고 인기나 홍행몰이로 지역 실정에 맞지 않게 졸속으로 선정하는 수가 있다. 자치단체가 벌이는 사업은 공익과 사회정의에 반하는 것이어서는 안 된다. 관광개발이나 지역경제의 활성화란 이름으로 정당화될 수 없다.

내가 도청의 국장 재직 때의 일이다. 모 시와 새만금 간을 잇는 자기부상 열차를 계획하라는 지사의 지시를 받은 적이 있었다. 국가적으로 장기적(20년 정도 뒤)인 검토는 생각해 볼 수 있으나 당시 도의 구상으로는 어불성설이었다. 내가 이와 같은 내용을 보고했더니 지사는 왜 안 되느냐고 심한 질책을 했었다. 제왕적으로 군림하는 지사는 안하무인으로 지시만 하고 자기 뜻에 반하면 수용하려 들지 않고 독선적 행태를 보였다. 비단 이 일뿐이 아니다. 지사가 모시의 시장 시절에는 경전철 사업을 하겠다고 많은 예산을 들여 타당성 용역을 끝내 놓고 결국 사업은 시행하지 못하고 말았다. 수도권 일부 시의 경전철 사업 실패사례가 좋은 예라 할 수 있다. 자칫 잘못하면 자치단체가 파산하는 지경까지 갈 수 있다. 그만큼 단체장의 권위는 절대적이다. 나는 자치단체에서 근무했던 사람으로서 그 속성을 잘 안다고 자부한다. 풀뿌리 민주주의 한다고 지방자치제도가 도입되었는데 제도가 가지는 속성 때문에 초래되는 폐해 또한 만만치 않은 게 사실이다. 잘못하면 단체의 발전이 제자리거나 뒤처지는 수도 있음을 명심해야 한다.

개인이 허가를 받아 영업하겠다고 하는 것도 공익을 잘 따져서 신중하게 결정해야 할 것임에도 하물며 자치단체에서 키스 존이란 구역을 설정해서 키스와 관련된 여러 가지 이벤트를 벌여 관광 상품으로 개발하겠다는 것은 재고해 보아야 할 일이다. 지역경제 활성화도 좋고 관광개발도 좋지만, 프로젝트가 그뿐이었는가는 생각의 여지를 남긴다.

할 일이 그렇게도 없어서 궁색하게 퇴폐를 방조하는듯한 사업을 하필이면 자치단체에서 꼭 해야만 하겠는가?

〈2014.7.28.〉

시도 때도 없이

이른 아침이다. 여느 때나 마찬가지로 집 안팎을 이리저리 둘러보고 있는데 무심코 시선이 한곳에 집중되었다. 이름 모를 여린 들꽃 한 송이가 덩그렇게 피어 있다. 겨울이 멀지 않았는데 어찌된 영문인지 모를 일이다. 작고 약했지만 깜찍하고 예뻤다. 기막힌 일이다. 길옆 마당 콘크리트 틈새를 비집고 언제 자라고 피었는지 자태를 뽐내고 있지 않은가! 실금 같은 틈새에서 그것도 주위에 잡초 하나 없는데 혼자서 보란 듯 피어 있다. 놀라운 일이 아닐 수 없다. 얼마나 몸부림 치고 용틀임했으면 저럴 수 있을까? 생명력, 강하고 질기며 신비롭기 그지없다. 그런데 이를 어찌해야 좋을지 난감했다. 얼마 안 있어 누군가에 의해 뽑히거나 짓밟힐 것이 뻔하다. 왜냐면 나야 할 곳이 아닌 곳에 났기 때문이다. 꽃이 피어난 곳은 마당의 가장자리이긴 하지만 안쪽 평편한 곳이기 때문이다. 그쪽은 꽃이든 잡초든 뽑고 쓸고 청소해야 하는 구역이다. 금방 안타깝고 애처로운 마음이 들었다. 어떻게든 무슨 조치를 취해야 할 것 같았다. 주변을 보니 깨어진 벽돌조각이 보였다. 꽃이 있는 줄기 밑에 몇 조각을 이어 동그랗게 둘레를 쳐 경계를 만들었다. '눈이 있으면 설마 뽑지는 않겠지.' 라고 중얼거리며 자리를 떴다. 그 일이 있은 뒤 나는 남몰래 조바심과 함께 신경이 그 곳에 꽂혀 있었다. 무슨 일을 해도 '뽑거나 밟히면 어떡하나?' 하는 걱정이 떠나지 않았다. 매일 아침 일어나자마자 그곳으로 뒤 볼 것 없이 발걸음을 재촉했다. 사흘째 되는 날에는 종이컵으로 물을 떠다 틈새에 조심스럽게 부어 주었다. 알아차리고 나와 같이 보호에 동참한 불특정 다수인에게 감사했다. 무의식중에 지나는 사람도 있었을 것이지만, 용케도 위기를 피한 꽃이 운 좋았던 것도 다행한 일이었다. 덕분에 꽃은 작지만 활짝 피어 흐드러지고 있었다. 나는 마치 큰 보물을 이곳에 숨겨놓은 사람처럼 속으로 옹골졌다. 보고 살피는 재미도 쏠쏠했다. 닷새째 되는 날이었다. 전날까지 있었던 꽃이 보이지 않았다. 순간 나는 큰 충격에 휩싸였다. 둘레를 쳐 놓았던 벽돌조각도 말끔히 치워졌다. 주변을 둘러보며 좌불안석이었다. 눈을 씻고 다시 보아도 꽃은커녕 아무 것도 보이지 않고 언제 있었냐는 듯이 흔적마저 없었다. 누군가 꽃도 뽑아버리고 벽돌조각도 치워버린 게 분명했다. 참으로 허망했다. 며칠간 애착을 갖고 살폈었는데…….

힘이 빠진 몸을 일으켜 발길을 돌리면서 '그래, 얼마 못 갈 줄 알았어. 원래 날 곳이 아니었지.' 라고 중얼거리며 자위했다. 모든 것이 다 적재적소가 있는 게 맞았다.

얼마 전, 모처럼 문학기행을 갔었다. 사는 게 뭔지 관광버스 타고 여행 하는 것도 일 년이면 잘해야 한 번이다. 어떤 땐 몇 년 만인 경우도 있고…….

개미 쳇바퀴 도는 것 같은 일상에서 벗어나 잠시나마 몸과 마음의 피로를 잊고자 큰 마음먹고 동참하는 게 문학기행이다. 늦가을 정취가 물씬 묻어나는 정경이 차창 밖으로 파노라마처럼 스쳐 지나갔다. 해마다 오는 가을이고 가을마다 수놓아지는 경관이지만 마음이 설레고 울렁이는 것은 새롭다. 가을의 추억과 감동이 남다른 나는 마음껏 가을을 가슴에 담을 요량으로 창밖에다 시선을 꽂고 있었다. 얼핏 봐도 버스 안이 거의 찬 것을 보니 마흔 명은 더 되는 일행이다. 대부분 문학단체가 그러한 것처럼 나이가 노년인 분들이 많다. 회장의 인사가 끝나고 회무를 맡은 분의 일정 안내가 있었다. 참석자 중에는 새로 가입한 분도 있고 행사 때마다 들쭉날쭉 참여하다 보니 서로 모르는 경우가 있기 마련이다. 따라서 매번 그런 것처럼 참가자 개인 별 자기소개와 인사가 으레 있다. 저마다 앉은 순서에 따라 앞에 나와 간단한 인사말을 하고 자기 자리에 돌아가 앉았다. 중간쯤에 앉았던 모인의 차례가 왔다. 나이가 많은 그분은 아는 사람이 많다. 그분의 성정과 끼가 어떤지도 거의 안다. 나도 속으로 걱정부터 앞섰다. 여간해서 마이크를 놓지 않는 게 그분의 특징이다. 대개는 그분이 하는 말이 무엇인지는 이미 관심이 없다. 다만, 얼마나 오랫동안 마이크를 붙들고 있을 것인가에 초점이 맞춰진다. 아니나 다를까 역시 마찬가지다. 5분이 지나고 10분이 되어가는데도 무슨 말을 하는지 중언부언 끝이 없다. 자기가 하고 싶은 말만 하면 모른 체 귀 막고 눈감으면 될 것이지만, 이따금 특정인을 지명하여 동참하라고 하기도 하고 자기를 따라 하라고도 한다. 참으로 가관이고 미치고 환장할 일이 따로 없다. 휴게소에 닿았다. 버스가 정차하고 볼일을 봐야 하므로 어쩔 수 없이 하던 말을 중단했다. 인원 파악이 끝나고 다시 버스가 출발한다. 자동으로 끝낸 줄 알았던 그분은 다시 마이크를 잡았다. 일행 모두가 체면상 차마 말은 못하고 속으로 폭발 직전이다. 눈치코치 알면 그럴 리가 없다. 그러니 모두가 난감하기는 다를 바가 없다. 드디어 좌중에서 볼멘소리가 터져 나왔다. "그만 좀 해요! 들어와요!" 때는 이때라고 놓칠세라 약속이나 한 듯 여러 사람이 동조하고 나섰다. 그분은 더는 말을 잇지 못하고 떠밀리듯 자리로 돌아가 앉고 말았다. 연로한 자로서 존엄과 인격, 인품이 한꺼번에 무너져 내리는 순간이었다. 과유불급이고 적재적소란 말이 실감나는 대목이었다.

화단에 있어야 할 꽃이 때도 모르고 엉뚱하게 마당 가장자리에 피어나 제대로 꽃의 일생을 다하지 못하고 무참히 뽑혀버린 이름 모를 꽃이나, 눈치 없이 자기도취에 빠져 여러 사람의 여행길을 기분 잡치게 한 그분이나 때와 장소를 분별하지 못한 것은 다를 바 없다. 비록 잡초라 할지라도 소용 있는 곳에 있으면 오히려 가꾸고 보호하게 되리라. 사람도 부족한듯하지만 겸양지덕이 있고 경박하지 않으면 어렵고 무게 있는 대접을 받기 마련이다. 모름지기 사람은 스스로 자기를 낮추는 사람은 높임을 받을 것이고 자기가 존경받고 싶으면 남을 먼저 존경해야 할 일이다.

무엇이든지 넘침은 모자람만 못하다. 모든 게 때와 장소가 따로 있는 법이다. 움츠리고 엎드려 있어야 할 때인지 머리를 들고 나서야 할 때인지를 알아야 한다. 앉아야 할 자리인지 서야 할 자리인지도 분별 못하는 우를 범해서는 안 될 일이다. 사람이 상하좌우를 모르고 시도 때도 분별 못한다면 화초가 나지 않아야 할 시기에 콘크리트 마당에 생뚱맞게 피어난 꽃과 무엇이 다르겠는가? 꽃의 뽐힘과 사람의 추락이 다를 바 없지 않겠는가?

〈2013.10.23.〉

국기게양

정부(국가보훈처)에서 '광복 70년 기념사업'의 하나로 대한민국 수도 서울의 중심인 광화문 광장에 대형 국기게양대를 설치하여 태극기를 상시 달려고 한다. 국가보훈처의 설치 구상을 보면 게양대 높이를 45.815m, 태극기는 가로 12m, 세로 8m다. 1945년 8월 15일에 해방되어 광복을 맞은 날을 기념하는 의미인 것 같다. 여러모로 보여주는 바가 클 뿐 아니라 의미 있고 상징적인 일이라 생각된다. 어쩌면 좀 더 일찍 그러한 발상을 해야 했다는 생각이다. 더 나아가 비단 광화문 광장 말고도 나라 요소요소에 대형 태극기의 게양을 많이 했으면 좋겠다는 생각이다.

국기國旗는 국화國花, 국가國歌와 함께 나라를 대표하고 상징한다. 따라서 국민이면 마땅히 국기를 소중하게 다루고 사랑해야 하며 국가를 즐겨 불러야 함은 말해 뭐하겠는가. 국민은 국기와 국화, 국가를 통하여 결속하는 응집력을 가진다. 나라와 민족이 어려울 때 국기를 바라보며 하나가 되고 국가를 부르며 힘을 모은다. 얼마 전 프랑스에서 있었던 IS 소행으로 보이는 공연장의 끔찍한 테러 현장에서의 모습이 좋은 예다. 최후를 맞는 순간일 수도 있는 상황인데 테러 현장에 있던 파리 시민은 국가를 부르며 서로를 감싸고 통일된 차분함을 보였다. 국기와 국가가 가지는 힘이다. 어느 나라 어느 민족에게나 마찬가지다. 국기는 나라마다 민족의 혼과 얼이 담겨 있다. 따라서 국기는 어느 나라든지 그 나라 국민의 자랑이고 자부심이다. 세계 어디를 가든 대부분의 나라에는 그 나라의 자존과 주권을 나타내는 국기가 눈에 띄게 펄럭인다. 많은 사람이 모이는 곳이나 관광 명소에는 대형 국기가 장식물이 되어 사람을 맞는다. 이국인이 보아도 보기 좋고 기념이 된다.

나는 1992년도엔가 노르웨이, 덴마크, 스웨덴 등의 북유럽을 여행한 적이 있다. 그때 나는 국기가 그 나라의 얼마나 큰 자랑이고 소중한 것인가를 깨달았다. 관공서 말고 일반 가정집에서도 국기를 다는 모습이 다소 낯설기까지 했지만 크게 감명을 받았다. 그 당시만 해도 우리나라에서는 일반인이 가정집에 국기를 단다는 게 상상도 못 했기 때문에 이상하게 보였다.

귀국과 동시에 단독주택에 살고 있던 나는 결심을 하고 곧바로 철공소에서 높이 5m 정도의 알루미늄 게양대를 제작하여 집 모서리에 설치하고 게양대에 걸맞은 크기의 태극기를 달았다. 마치 큰 일이나 해낸 것처럼 가슴이 뿌듯하고 자랑스러웠다. 그로부터 지금까지 상시 달고 있으니 20년이 훌쩍 넘었다. 그동안 몇 번의 이사도 했지만, 우리 집에는 태극기가 계속 펄럭였다. 지금도 높이 매달려 휘날리는 태극기를 바라보면 마냥 좋을 뿐만 아니라 조국 대한민국이 자랑스럽다. 이 나라 국민으로서 자부심이 느껴진다. 아직은 일반인이 가정집에 태극기를 달고 지내는 사람이 흔치 않을 듯하다. 나를 아는 어떤 이들은 오랜만에 만나면 지금도 태극기를 다느냐고 묻는다. 우뚝 솟아 펄럭이고 있는 태극기를 보면 집 찾기 쉬워 자장면 배달이 잘된다고 웃으며 답한다. 내가 유별나다고 이구동성으로 말한다. 일상을 통한 작은 나라 사랑으로 생각한다.

또, 한 3년 전쯤 일 거다. 내 고향 산월리에서는 집집이 국기 게양대를 설치하고 태극기를 달기로 했다는 보도를 접했다. 어찌나 반갑던지 주관하시는 분께 연락하여 태극기 100매를 사서 보냈다. 마을에서는 나라 사랑의 표징으로 안길 골목마다 국화인 무궁화를 심기로 했다는 소식도 들었다. 애국이 거창한 것으로 생각해서는 안 된다. 사소한 것이지만 나라의 상징인 국기나 국화, 국가 등을 귀하고 소중하게 여기고 가꾸며 다루는 것이야말로 국민으로서 기본적인 애국의 자세가 아닐까 생각한다.

그런데, 최근 이 나라 대한민국에서는 도저히 이해할 수 없는 일이 벌어지고 있다. 도대체 어느 것이 맞고 틀리며 옳고 그른가를 분간하기 힘든 세상에 살고 있다. 최근 보도를 보면서 화가 치밀고 분이 차오른다. 광화문 광장에 게양대를 설치하려던 정부가 서울시에 발목이 잡혔다. '광장 사용 허가권' 을 가진 서울시가 게양대 설치를 거부한다고 2015년 11월 23일에 최종 통보했다 한다. 서울시는 국무조정실의 중재에도 불구하고 거부했다. 서울시 열린 광장 운영 시민위원회는 '의정부 터 복원사업'을 추진하고 있어 이 정비작업을 착수하기 전인 2017년 3월까지 게양대를 한시적으로 설치하는 것이 가능하다는 의견을 제시했다 한다. 또한, 광화문 광장에 태극기를 영구적으로 설치하는 것이 '시대 흐름에 역행하는 것'이라는 의견도 내놓았다고 한다. 관점이 다르고 견해차가 있다고 하지만 어찌해서 시대착오라는 것인지 알 수 없다. 심히 유감스럽고 궁색한 이유고 변명이다. 어안이 벙벙하고 할 말이 없다. 참으로 어이없고 상식적으로도 이해되지 않으며 해괴망측하다는 생각마저 든다. 아니 정부가 대한민국 수도 서울의 중심인 광장에 대형 태극기를 달려는데 지방자치단체인 서울시가 반대한다는 게 말이나 될 법인가? 머리가 혼미할 정도다. 태극기가 혐오 물도 아니고 게양대를 설치하여 국기를 단다고 해서 인체나 환경에 해로운 것도 없는데 설치 거부라니 어불성설이다. 하물며 태극기는 대한민국의 상징으로 널리 그리고 많이 게양되도록 권장하여야 함에도 그럴 수가 있단 말인가? 서울시는 다른 나라 자치단체인가 묻고 싶다. 법이 어떤 것인지는 몰라도 지방자치단체가 반대하여 협조하지 않으면 정부는 속수무책인가? 참으로 이상한 나라다. 거부하고 반대할 것이 따로 있지 대형 태극기를 달겠다는 것을 반대할 일인가. 국가의 질서와 국기國基가 흔들리는 것 같은 느낌마저 든다. 풀뿌리 민주주의 제도가 이런 것인가 모를 일이다.

언제부터인가 이 나라에 이상한 풍조가 만연되고 있다. 소위 진보라는 이름으로 예전엔 상상할 수도 없는 일들이 버젓이 우리 사회에 난무하고 있으니 우려의 수준이 도를 넘는다. 국가의 정체성이 흔들리지나 않을까 염려스럽다. 얼마 전, 이 나라 총리를 지낸 분을 비롯하여 이른바 진보세력들이 태극기를 밟는 일이 있었다. 또 행사에서 국민의례 때 애국가를 부르지 않는 일도 있었다. 서울시도 이와 같은 맥락으로 보아야 할 것인지 모르겠다. 그들에겐 국기國旗도 국가國歌도 필요 없다는 것인지 묻고 싶다. 어느 시대인데 시시콜콜한 말을 하느냐고 탓할지 몰라도 한심한 작태가 아닐 수 없다. 세상이 어떻게 되려는지 나라가 어디로 가고 있는지 종잡을 수도 없고 걱정만 앞선다. 어쩌다 이 꼴 이 지경이 되었는지 이쯤에서 심각하게 따져보고 점검해봐야 할 일이다.

(2015.12.16.)

제5부

알로하 하와이

애벌 꿈이 서린 곳

김장거리를 살피기 위하여 재래시장에 나왔다가 귀가하는 중이었다. 아내와 나는 약속이나 한 것처럼 똑같이 '전에 살던 우리 집 골목으로 지나가 보자.' 고 했다. 핸들을 꺾어 골목 입구에 접어드니 밥상 만드는 공장이었던 집은 그대로였지만 상 만드는 일은 하지 않았고, 좌우로 집들은 원형 그대로였지만 외형이 보수와 단장을 해서 조금씩 달라져 있었다. 골목도 그때는 그런지 몰랐는데 왜 그렇게 좁고 짧은지 참으로 낯설었다. 골목을 지나 우리가 살던 집으로 가는 아주 좁은 샛길은 오른쪽이었다. 샛길 입구에서 차를 멈추고 바라보니 모퉁이에 사는 ㅊ모 씨가 샛길 가에 조성된 화단을 정리하고 있었다. 그분은 여전히 거기서 살고 있었다. 우리 내외는 차에서 내려 "오랜만입니다." 하며 그에게로 다가갔다. 참으로 반가웠다. ㅊ씨는 고개를 들어 우리를 바라보더니만 곧바로 알아보고 "아니, 이게 누구야 정말 오랜만입니다. 어쩐 일이세요?" 하며 깜짝 반가워했다. 나는 그분과 길게 악수하며 손을 흔들며 비볐다. 우리가 살던 집은 ㅊ모 씨의 집과 좁고 짧은 막다른 도로를 사이에 둔 집이었다. 우리가 그 집을 사서 이사한 지는 28년 만이었고, 그 집을 팔고 떠나온 지는 23년 만이었다. 우리는 ㅊ씨와 더불어 샛길에 서서 한참 동안을 얘기했다. ㅊ씨 집에 세 들어 살던 쌍둥이네는 지금도 사느냐고 물으니까 바로 옆 골목에 새로 지은 4층 집에 산다고 일러줬고, 우리 집 옆 앞뒤로 나란히 살던 ㅈ씨, ㅂ씨네도 모두 이사했다고 했다. ㅈ씨의 아주머니는 척추 수술이 잘못되어 김치도 담그지 못하게 되었다고도 했다. 우리가 살던 집에는 누가 사느냐고 물으니 우리에게서 집을 샀던 그분은 벌써 다른 곳으로 이사했고 지금은 노부부가 살고 있다고 했다. 집을 바라보니 페인트칠을 새로 했고 옥상에는 기와로 지붕을 만들었다. 집 지은 지가 오래되니까 옥상에서 누수가 발생하여 하는 수 없이 지붕을 만든 것이라고 했다. 문패가 ㅎ모 씨라고 쓰여 있다. 감회가 새로웠다.

우리는 그 집을 1984년에 사서 이사했었다. 우리 내외가 생애 최초로 산 집이었다. 우리는 원래 그 집을 살 요량이 아니었다. 그때까지만 해도 우리는 구멍가게가 딸린 사글셋방에서 어린 세 딸과 더불어 분식장사를 하며 살고 있었다. 그런데 아버지의 회갑이 눈앞으로 다가왔다. 그 당시만 해도 회갑잔치를 치르는 것이 상례였다. 더군다나 나는 아버지가 조실부모하고 어린 나이에 홀로 고아처럼 평생을 외롭게 사셔서 조금이나마 위로를 해드리자는 생각에 회갑잔치만큼은 꼭 해드려야겠다고 오래전부터 마음먹고 있었다. 지금은 집안의 모든 크고 작은 잔치나 행사를 외부 음식점 등에서 치르지만, 그 당시는 집에서 다 치르던 시절이었다. 따라서 잔치를 치를 만한 전셋집을 구하려고 나섰다가 그 집을 사게 되었다. 대지가 34평이고 건평이 19평쯤 되는 작고 아담한 집이다. 아주 조그마한 집이지만 우리에게는 얼마나 크고 좋았던지 모른다. 지금 생각해도 그때 그 집을 산 감격은 잊을 수가 없다. 집주인은 아버지뻘이나 되는 분이었다. 복덕방에서 서로 손님으로 우연히 만나 그분 소유의 그 집을 처음 보았다. 그로부터 그분과 수차례 만나 많은 얘기를 나누었다. 그분과 만난 지 한 달이 조금 더 되는 어느 날, 그 분은 능력이 안 되어 도저히 집을 살 수 없다는 내게 다른 사람에게는 팔지 않겠다고 하셨다. 자네 같은 사람은 보기 드물다면서 나보고 어떻게 대책을 마련해보라고 하셨다. 또, "내가 집을 못 팔아서가 아니고 당신 같은 사람을 간접적으로라도 돕고 싶어서 그런다."고 하셨다. 진실 어린 말씀이었다. 그러나 그분의 호의에도 그때 나는 그 집을 살 수 있는 형편이 못 되었다. 그러자 그분은 모자라는 자금은 은행에서 융자를 알선해주겠다면서 나를 데리고 은행으로 갔다. 당시는 융자받기가 쉽지 않았었다. 소위 말하는 여러모로 역량이 있어야 가능했다. 그렇게 해서 어렵사리 생각지도 않았던 집을 사게 된 것이다. 전셋집을 구하려다 집을 사게 된 것이다. 지금도 그분을 생각하면 얼마나 고마운지 모른다. 나에게 자신감과 희망을 안겨준 분이다. 그때 그분의 배려에 힘입어 우리는 집을 마련하게 되었고 아버지의 회갑잔치도 성의껏 준비해서 잘 치를 수 있었다.

그 집에 살면서 우리는 옆에 딸린 방 하나를 사글세로 내놓았고,

아내는 세 들어 사는 사람의 아이를 돌보는 일을 했다. 그 집으로 이사 와서 한동안 나는 밤늦게 퇴근 때마다 대문 앞에 멈춰 서서 이게 정말로 내 집이지 하며 실감 나지 않는 듯 곧잘 중얼거리곤 했다. 흐뭇하고 뿌듯했다. 그 집에 살면서 나는 집 안팎으로 알뜰살뜰히 가꾸며 살았다. 대대적인 하수구 정비공사, 옥상의 방수 작업, 직접 디자인한 이중 창문 등이 감회가 새롭다. 모두 내 땀과 손때가 묻어있다. 해마다 봄이면 철책의 덩굴장미가 집안을 온통 빨갛게 물들이곤 했다. 그 집에 살면서 사무관 승진도 했다. 가족을 하나로 묶는 가족회의를 시작했었고 가가家歌(가정의 노래)도 작사 작곡하여 집안의 대소사는 물론이고 가족회의 때마다 부르곤 했다. 우리 내외는 그 집에서 비로소 미래의 꿈을 싹 틔우기 시작했었다. 어떻게 하면 가난을 극복할 수 있을까 하고 부부가 몸을 바쳐 온갖 노력을 다하며 살았다. 칠 형제 맏이로 태어난 나는 집안의 대소사는 물론이고 열악한 환경과 끊임없이 벌어진 집안의 각종 사건 사고를 감당하며 너무나 힘들고 지친 삶을 살아야 했다. 아버지가 외아들로 태어나셔서 친인척이 없어 외롭기도 하지만, 원래 성씨부터 희성이라서 일가도 없고 어디다가 기댈 만한 곳도 없는 처지였다. 사회적 정서와 세류와는 걸맞지 않은 형편이었다. 그래도 그 집에서 젊음 하나로 매사를 몸으로 정면 돌파하면서 정직하게만 살려고 애쓰며 살았었다. 지난 시절 애증이 교차하여 갔다. 우리 부부의 애별 꿈이 서린 곳이 그 집이다. 집 겉모습을 둘러보며 옛날 그 집에서 살던 일을 더듬노라니 "커컴." 기침하면서 안에서 집주인으로 보이는 나이가 지긋하신 분이 현관 밖으로 나오신다. 철책 담장 사이로 누구냐는 듯이 고개를 들어 나를 본다. 계면쩍어 몸을 사려 대문 앞을 지나며 엷은 미소로 가벼운 눈인사를 했다. 정성으로 알뜰히 가꾸며 살았던 정든 집이건만 무상함이 묻어나고 있었다.

〈2012.11.17.〉

인남仁南의 집

아버지 회갑이 일 년여 앞으로 다가왔었다. 우리 부부는 아버지의 회갑을 치를 집을 마련할 궁리를 하기 시작했다. 그때까지 우리는 가게가 딸린 사글세 단칸방에서 살고 있었다. 나는 공무원으로 전북도청에서 근무하고 있었고, 아내는 부업으로 가게에서 '동락스넥' 이란 간판을 걸고 분식장사를 하고 있었다. 그 당시 풍조는 부모가 회갑을 맞으면 자식들이 주관해서 잔치를 마련해드리는 것이 대세이고 관례였다. 잔치는 지금처럼 음식점이나 연회장에서 하는 것은 생각도 못하고 반드시 집에서만 하는 게 당연시 되었다. 대부분 애경사가 그랬다.

우리 부부는 바짝 코앞으로 다가온 잔치를 앞두고 가장 기본적이고 첫 번째 준비사항인 내 집 마련이 제일 큰일이었다. 당시 우리 형편으로는 도저히 집을 살 수 있는 능력이 못되어 전셋집을 구하기로 마음먹었다. 여기저기 복덕방에 내 능력에 맞는 전셋집을 구해달라고 부탁을 해놓고 틈나는 대로 걸 맞는 집을 보기 시작했다. 그러던 중 아마 휴일이었을 어느 날 오후, 우린 한 복덕방에 들렀다. 처음 방문한 복덕방이었다. 복덕방에는 주인은 부재중이고 손님들만 몇 사람 앉아있었다. 우리도 전셋집 임차의뢰를 할 요량으로 주인을 기다리고 있었다. 서로 말없이 한참을 따분하게 앉아있는데 나이가 아버지뻘은 될 성싶은 분이 말을 걸었다.

"어떻게 왔어요?"

"예~ 저희는 조그마한 전셋집을 한 채 구하려고 왔습니다."

"얼마 정도 하는 집을 찾아요?"

"저희는 돈이 없어서 천만 원 정도 하는 집이면 좋은데요."

"그래요? 나는 집을 팔 사람인데 그 정도면 조금만 보태면 살 수도 있을 것 같은 작은 집인데 일단 한 번 가서 보기나 할까요?"

우리는 집을 살 수도 있다는 말씀에 귀가 쫑긋했다.

"예, 한 번 가보지요. 멀지는 않은가요?"

"여기서 5분 거리나 될 겁니다. 한 번 같이 가봅시다."

우리는 그 아저씨가 안내하는 대로 따라 나섰다. 정말 말씀하신 바와 같이 좁은 대지에 아담하게 지어진 신축주택이었다. 안팎을 꼼꼼히 다 둘러보았다. 어떠냐고 묻는 아저씨의 말씀에 좋고 맘에 든다고 했다. 아저씨는 큰돈이 아니라고 매도가격을 알려 주시면서 검토해보라고 하셨다. 그러나 저희 능력으로는 그마저도 감당하기엔 너무 벅차서 어렵다는 말씀만 남기고 없었던 일로 했다. 그로부터 한 달쯤 지나서 어느 날 밤에 갑자기 그 아저씨로부터 전화가 왔다.

나, 전 ○○인데 당신 그때 본 그 집 진짜로 맘에 들고 사고 싶기는 하냐고 물으셨다. 그렇다고 대답했더니 무조건 나오라는 것이다. 만나서 자세한 얘기를 해보자고 하셨다. 나는 곧장 아저씨가 정하신 장소로 나갔다. 그때까지 우린 사정이 달라지거나 뾰족한 방법을 찾지 못하고 있는 터였다. 아저씨는 나를 만나자마자 자기는 이 집을 팔아야 낼 세금도 충당하지 못한다고 하셨다. 그러면서 이 집을 못 팔아서가 아니라 나 같은 사람에게 꼭 팔고 싶다고 하셨다. 처음 만났을 때 내가 하는 말과 나의 눈빛을 보고 그런 마음이 생기더라는 것이다. 그렇다고 해도 워낙 내 능력이 안 된다고 하니까 대안을 제시해 주셨다. 집값도 깎아주고 부족한 돈은 책임지고 은행 융자를 받게 해 주겠다고 하셨다. 순간 나는 어안이 벙벙했다. 내가 고민하고 검토해서 마련해야 할 나한테 딱 맞는 방안을 찾아주신 것이 아닌가! 정말 아버지 같은 어른이시고 고마운 분이 아닐 수 없었다. 나는 더는 거부할 명분도 지체할 이유도 찾지 못했다. 아저씨는 몰염치하게 조금 더 가격을 깎아 달라는 나를 귀엽다는 듯이 웃음으로 대답하며 내일부터 바로 은행 융자 수속을 밟자고 하셨다. 나는 "감사합니다. 고맙습니다."라고 인사를 몇 번이나 드리고 단숨에 집으로 달려와 아내에게 보고하듯 상황을 설명했다. 그 뒤로 아저씨는 약속대로 내가 해야 할 일을 스스로 다니시면서 대행해 주셨다. 우리는 아버지의 회갑잔치도 할 수 있게 되고 내 집도 마련하는 두 마리 토끼를 뜻하지 않게 잡은 셈이다. 가진 돈이 태부족이라서 전셋집을 구하려다 집을 샀으니 얼마나 좋은 일인가! 아저씨는 나중에 집을 넘겨주실 때 그분이 쓰시던 기본적인 살림 도구도 고스란히 넘겨주시기도 했다. 우리 부부는 그때 그 감격적인 일을 지금도 잊지 못한다. 너무 고맙고 좋은 아저씨였다. 그때가 내 나이는 서른일곱이고 아내는 서른다섯이었다. 작지만 아담하고 깜찍한 집이었다. 우리 부부는 그 집에서 아버지와 어머니의 회갑잔치도 치렀고, 나는 사무관 승진도 했다. 처음으로 소유한 우리의 집이었다. 날마다 소유했다는 감격 속에 안팎으로 알뜰하고 살뜰하게 닦고 쓸고 가꾸며 살았다. 우리 집이 최고로 좋게 보였다. 요즈음은 주택이 거의 다 아파트지만, 옛날 우리나라는 거의가 단독주택이었다. 어릴 때부터 눈에 박히도록 보아온 단독주택 문설주에 나도 여느 사람과 같이 문패를 달고 싶었다. 당당히 누구 소유라고 멋진 문패를 달고 싶었다. 많은 날을 속으로 생각한 끝에 문패에 내 이름 대신 '仁南의 집' 이란 글자를 새기기로 했다. 내 이름에서 '仁' 자를 따고 아내의 이름에서 '南' 자를 따서 합성한 문구다. 전통적인 가부장제 시절엔 모든 게 남편이 대표가 되고 소유가 되었지만, 이제는 달라져야 한다는 생각에서였다. 그 집은 결코 나 혼자의 노력으로 일궈낸 성과물이 아니다. 우리 부부가 무일푼으로 만나 근검절약하고 힘쓰고 애쓴 결과이다. 어린 아이를 셋이나 기르면서 단칸 방 가게에서 피땀 흘려 눈물겹게 고생한 아내의 수고가 녹아 있는 집이었다. 내가 무슨 염치로 내 이름 석 자를 공개된 대문 문설주에 붙인단 말인가. 도저히 스스로 용인되지 않았다.

나는 어설프지만 직접 붓으로 '仁南의 집' 이라 써서 석 가공 공장에 맡겨 이색적인 문패를 만들었다. 문패를 달면서 아내에게 취지를 말하고 고마움을 표했더니 유별나다고 피식 웃으며 싫지 않아했다. 마침내 집의 이름이 붙여진 셈이다. 그때부터 우리는 그 집을 '仁南의 집' 이라고 불렀다. 처음 접하는 사람은 의아해 하지만 취지를 알면 공감했다.

그 뒤로 우리 부부는 더 큰 단독주택으로 이사하게 되었는데, 그 집에서도 어김없이 같은 문패를 달고 살았다.

문패를 만든 지 30년이 흘렀다. 그 당시만 해도 지금처럼 공동주택인 아파트가 별로 없었다. 그래서 버젓이 그 문패를 대문 문설주에 달고 살 수 있었다.

그동안 우리는 몇 차례 집을 옮겨 살았다. 주택구조가 단독주택구조가 아니라서 문설주에 문패를 달 수는 없었지만, 현관 입구에는 반드시 달고 살았다.

30년 전, 처음 동화 같이 집을 산 뒤 명명했던 그 때 그 집에서부터 그동안 몇 차례 옮겨 산 집마다 우리 부부가 살 동안 집의 이름은 언제나 '仁南의 집' 이었다.

지금도 우리는 '仁南의 집' 에서 살고 있다.

〈2014.7.20.〉

가훈

세 살 버릇 여든까지 간다는 말이 있다. 어려서부터 바르게 양육되어야 한다는 말이다. 한 번 길들고 익숙해진 습관은 고치기 어렵기 때문이다. 또 흔히 자식은 부모의 거울이라는 말을 한다. 사람의 행실을 보며 저 사람 참 괜찮은데 절대로 그럴 사람이 아닌데 하면서 고개를 기웃거리는 경우가 있다. 사회적인 지위와 학식을 겸비한 사람이 인간 본성을 벗어난 행동을 하거나 상식 이하의 언동을 하는 것을 볼 때 보이는 반응이다. 외관상 겉모습을 갖추었다고 해도 본성을 감출 수는 없다. 본성이란 부모로부터 물려받기도 하고 자라면서 그 부모 밑에서 보고, 듣고, 배우고, 느끼면서 성장해 왔기 때문에 감출 수가 없다. 그래서 자식을 보면 그의 부모를 가늠할 수 있다. 그것은 천성이고 조상에서부터 부모까지 대물림되어 내려오는 일종의 집안 내력이다. 예컨대 군자 집안에서는 군자가 나고, 양반 집안에서는 양반이 나오고 사기꾼 집안에서는 사기꾼이 나오는 것이다. 그래서 좋은 집안사람과 인연을 맺고 싶어 하지만, 결국은 그런 이유에서 여러 면에서 비슷한 집안끼리 연을 맺게 된다. 왕대밭에 왕대가 날 수밖에 없다. 옥토에 좋은 씨가 떨어져야 탐스럽고 맛있는 열매가 맺는 이치는 당연하다. 뿌리와 근본이 건실하고 좋아야 바르게 자라고 결실을 잘할 것은 뻔하다.

사람이 좋은 집안에서 태어나 유아 때부터 잘 자라야 하는 이유가 여기에 있다. 그래서 저마다 전통적으로 가통과 가풍을 중요시하고 대대로 계승하고 발전시키려고 한다. 특히 우리나라는 전래적으로 유교 사상이 강하여 어릴 때부터 도덕과 예절을 으뜸으로 삼고 산다. 먼저 사람의 됨됨이가 바르고 건실해야 한다는 데에 중점을 두고 교양과 훈계로 양육한다. 여기에는 집안마다 고유한 기준과 방침이 따로 있어 전통을 세우고 물려주고 받고 있다. 이러한 방법과 시침이 이른바 가훈이다.

문헌에 따르면, 원래 가훈이란 이름으로 세상에 전해지는 가장 오랜 것은 중국 북제 안지추의 안씨가훈부터라고 한다. 그는 자기 집의 전통을 지키고 입신, 치가治家의 법을 가훈으로 자손들에게 가르쳤다고 한다. 그 내용은 실로 다양해서 분야별로 나뉘어 구체적이다.

가훈은 시대 상황과 환경에 따라 변해왔고 변해야 한다. 세상은 첨단 시대인데 고리타분하고 구태의연한 내용은 가훈이 아니다. 신라, 고려, 조선 시대도 아닌데 화랑정신, 입신양명 위주의 사대부 사회 정신 등의 내용을 강조하는 가훈은 현대를 사는 우리에게 맞지 않는다, 시대에 걸맞게 현실적이면서 미래지향적이어야 한다.

또한, 가훈은 가문의 긍지와 의지를 담고 있으면서 가정은 물론 사회나 국가적으로도 유익하고 건설적이어야 한다. 예로써 부지런하고 절약하는 삶을 강조하는 내용의 가훈은 가정과 국가 사회에도 절대로 필요하고 유익한 가훈이다. 또 성실과 우애를 강조하는 가훈은 가정에서는 우애를 개인과 사회에서는 성실을 다지고 지키려는 건설적인 가훈이다. 가훈은 그 집안의 전통과 문화 및 역사를 배경으로 하고 또한 항상 현실적 토대 위에서 신축성 있고 거시적인 측면에서 해석되고 지켜져야 한다.

생각해보면 가훈으로 삼을 수 있는 내용은 정해진 틀이 따로 없다. 가훈에는 많은 본과 덕목이 있다. 그러나 반드시 글이나 말로써 형식화 해야만 가훈인 것은 아니라고 본다. 가정에서 날마다 얼굴을 맞대고 사는 게 가족이다. 그런 가족에게 일정한 가훈을 일깨워 주려면 가장을 비롯한 웃어른이 몸과 말, 마음으로 실천하는 것이 가훈이다. 그래서 아랫사람이 보고, 듣고 느껴서 체득하는 것이 진정한 가훈일 거다. 묵묵한 실천이 가장 값진 교훈이 될 것이다. 우리 사회의 대부분은 아마 정형화한 가훈이 따로 없는 가정이 더 많을 것이다. 다만, 별도로 가훈을 정하여 문서화 하는 것은 대대로 내려오는 가문의 훈계를 알림과 동시에 가장을 비롯한 가족 모두가 음미하고 실천하자는 데에 의미가 있다. 분명한 것은 자기 집 조상의 삶이 가훈과 맥을 같이 했고, 당대 가장이 가훈과 같은 실천적 삶을 살아야만 다음 세대에 설득력 있는 가훈으로 이어질 것이다. 가장이 방탕하면서 가족에게 아무리 근엄한 가훈을 내세워도 통할 리 없다.

가훈이란 가정의 윤리적 지침이다. 가족이 지켜야 할 도덕적인 덕목과 바르고 성공적인 삶을 살아가기 위한 방향을 간명하게 표현한 것이다. 가족이나 후손이 올바른 마음가짐과 생활 태도로 건전한 가정을 만들어 이웃과 함께 원만하게 살아가는 데 필요한 규범을 가풍에 맞도록 정한 것이다. 가정은 사회생활의 기본적인 바탕이 되는 곳이므로 자녀가 가정에서 형성된 가치관을 통해서 사회를 바라보고 생활하게 된다. 따라서 가훈은 사회교육에서 기대할 수 없는 중요한 교육적 기능을 가지고 있다.

현대를 사는 우리가 가훈이 필요할 것인가라는 생각을 할 수 있다. 그러나 나는 절대로 필요하다고 본다. 나는 나만의 내가 아니다. 나는 조상으로부터 이어 받아진 나다. 그리고 후손으로 이어지는 인맥 중의 한 점이고 마디다. 참으로 소중한 사람이다. 동시에 막중한 책임과 소명을 짊어진 사람이다. 따라서 나를 소홀히 할 수 없고 후손을 가벼이 여길 수 없다. 명문 가정을 만들고 훌륭하고 바른 후손을 길러야 함은 말할 필요조차 없다. 가풍과 가훈이 필요한 이유가 여기에 있다. 가정을 이끌어 가는 규범이나 가훈이 있는 것은 매우 바람직하다.

어디에선가 말했지만 원래 나는 가정적으로 뿌리가 매우 취약하다. 가통이나 가풍은 고사하고 대를 잇고 연명하는 데에 급급한 가정환경에서 태어나고 자랐다. 가훈 같은 말은 차라리 사치스러운 용어였다. 그렇다고 해서 나 혼자 덩그러니 세상에 떨어진 것은 아니다. 엄연히 부모님이 계시고 그분들의 양육 하에 성장했다. 앞서 지적한 대로 부모님의 일거수일투족이 가훈이었다. 지금도 가끔 형제에게 부모님 생활의 유지를 생각하고 본받자고 말한다.

나는 서른 살 즈음에 우리 가족을 위한 가훈을 정했다. 오랜 생각 끝에 정해진 것이다. 어찌 보면 나 개인의 가정관이고 가족관이며 삶의 지침이다. 다분히 내가 그렇게 살겠다는 다짐이며 동시에 가족에게도 그렇게 살라는 선언적 교훈이다.

내용을 보면 첫째, 극기로 최선을 다하자. 둘째, 긍정적, 적극적, 합리적으로 살자. 셋째, 범사에 감사하자. 이다. 정한 내용을 내가 직접 붓으로 써서 액자를 만들어 집안 잘 보이는 곳에 걸어놓고 지냈다. 나와 가족이 수시로 보고 새기면서 그렇게 살자는 다짐을 하며 생활을 추스르도록 했다. 가족 모두 잘 실천이 안 되지만 적어도 그런 방향으로 노력하며 사는 모습을 보이려고 애썼다. 마음속으로 생각만 하는 것보다는 겉으로 드러내 공표함에는 무언의 책임과 다짐이 따르기 마련이다. 얼마나 효과가 있었는지 모르지만, 다가가려는 노력은 가족 모두 같았다.

자신을 채근하고 다스리려면 숨기거나 꺼려서는 안 된다. 밖으로 드러내놓고 까발려 놓아야 창피하고 부끄러워서라도 실천한다. 용기를 내어 과감히 자기의 현 주소를 털어 놓아야 바로 잡고 개선, 향상시킬 수 있다. 내가 그렇지 못하기 때문에, 그런 방향으로 가야만 하겠기에 그러한 가훈을 설정하는 것이 아니겠는가.

우리는 더불어 사는 사회 구성원이다. 가정의 뿌리가 튼튼해야 밝은 사회를 기대할 수 있다. 건전한 가정을 만들고 후손을 바르게 양육하는 것은 당대를 사는 우리의 책무다.

온고지신이라 했다. 세상이 아무리 변해도 변하지 않는 것이 있고 변해서는 안 되는 것이 있다. 옛것을 바로 알아 현대에 접목하여 미래의 건전하고 행복한 세상을 만들어야 한다. 이에 대한 중요한 답이 가정에 있다. 그러므로 전통적인 가통과 가풍 그리고 가훈을 만들어 좋은 가정을 만들어야 하지 않겠는가.

(2017.12.9.)

상징 마크

세상의 모든 사물과 사상은 정식으로 붙여진 명칭이나 현상 말고도 이를 대신하여 우회적인 방법으로 표현을 하는 경우가 참으로 많다. 사람에게도 별명이나 몸매 형상을 빗댄 표현이 있다. 동물, 식물 등 모든 사물도 마찬가지다. 이른바 그를 지칭하는 기호나 상징이다. 한마디로 상징이란 추상적 사고의 표현이다.

그야말로 세상은 '상징'으로 가득 차 있고, 우리는 수많은 상징과 함께 호흡하며 살아간다. 글을 쓰는 이들에게 상징은 영감의 원천이 되기도 한다. 어떤 것을 형상화하고 상징하기 위해서는 그림이나 기호를 만들고 모형, 그림, 기호 등은 문자를 낳았다. 그리고 문자가 종국에는 글을 낳은 거로 생각한다.

인간의 의사소통은 음성이나 글에 의한 언어와 그렇지 않은 언어로도 나누어진다. 음성이나 글에 의한 언어는 문법 규칙에 따라 전달될 수 있는 문장들을 창조할 수 있다. 일상 언어가 이에 해당한다. 그렇지 않은 언어는 전달에 이해나 설명이 필요하다. 사적 상징이 이에 해당 한다.

인간에게는 세 종류의 행위가 있다고 한다.

첫째는 인간 육체에 의한 생물적 행위(biological actions)로서 숨쉬는 것, 맥박이 뛰고 심장이 박동하는 것, 몸의 신진대사 등이다.

둘째는 기술적 행위(technical actions)로서 인간 행동을 통하여 무엇을 만드는 것. 즉 집을 짓는 것, 조각하고 그림을 그리는 것, 음식을 장만하는 것 등이다.

셋째는 표현적 행위(expressive actions)로서 말하는 것, 율동을 하는 것, 몸을 움직이고 운동하는 것 등이다.

그중에 인간의 표현적 행위를 주목해본다. 인간의 의사소통은 궁극적으로 표현적 행위로 이루어지며, 표현적 행위는 대표적인 수단인 말하는 것 외에 기호, 상징으로 이루어진다. 인간은 표현적 행위로서 듣고 보는 직접적 의사소통과 글을 읽는 간접적 의사소통이 있다. 이를테면 말하고 말하는 것을 듣고, 율동하고 율동하는 것을 보는 것 모두가 표현행위다. 표현행위의 방법 또한 여러 가지가 있을 수 있겠지만, 그 방법의 하나인 상징은 우리 생활의 한 가운데에 깊숙이 자리하고 있으면서 의사 전달의 매개나 소통 수단이 되고 있다.

상징은 고대로부터 현대에 이르기까지 수많은 문명을 만들어 왔다. 어찌 보면 상징은 언어보다도 인류문명의 뿌리에 더 깊이 접목된 것 같다.

선사 이전에 인류는 자연을 보고 상징으로 기록하지 않았던가.

상징은 인간과 자연을 커뮤니케이션할 수 있게 했고 수많은 상징으로 문명을 이뤄냈다.

상징(symbol)은 4종류가 있다고 한다. 첫째는 관광안내 표지판이나 도로 표지판과 같이 공적인 영역에서 해당 정보를 전달하는 표준화된 상징(standardized symbol)이 있다. 둘째는 꿈이나 詩와 같이 묘사하고 수식하는 사적이면서 일시적인 임시 상징(nonce symbol)이 있다. 셋째는 약간의 객관성도 있으나 주관성이 다분한 표현으로 예컨대 '뱀은 악의 상징이다.', '꽃은 아름다움의 상징이다.' 등과 같은 표현인 임의적인 상징(conventional but arbitrary symbol)이 있다. 넷째는 사물의 형상이나 뜻을 내포하거나 그림, 지도, 초상화 등과 같이 계획된 유사성을 가지는 상징으로 아이콘(icon)이 있다. 상징은 직유든 은유든 간에 사물과 형상의 유사성(similarity)에 대한 임의적인 주장이다. 따라서 표현이나 방법이 사물의 실체와 형상을 제대로 나타내거나 반영하지 못하는 상징도 허다하다. 이러면 상용화와 객관화에 실패한다. 즉 상징은 명료하면서도 의미 전달이 명확해야 함은 물론이다.

누군들 그렇지 않겠는가마는 나는 세상을 살아오면서 가장 중요시 한 게 가정이다. 인간의 모든 뿌리가 가정으로부터 출발한다고 굳게 믿었기 때문이다. 가화만사성家和萬事成이란 말도 있지 않던가. 아마 서른 살 중반쯤으로 생각된다. 나는 여러 생각 끝에 아내와 나를 상징하는 마크를 제작하기로 마음먹었다. 물질적으로 홍수처럼 넘치는 세상에 보통 사람이 하는 행태로는 큰 의미가 없을 것 같아 생각해낸 것이었다. 상당기간 동안 머릿속으로 여러 가지

구상을 하며 디자인 한 끝에 마침내 시안을 만들어냈다. 디자인 내용은 아내와 나의 이름 첫머리 글자를 혼용하여 도안화했다. 아내에게 상징이 담고 있는 의미를 설명하며 그 뜻을 전했다. 궁상맞게 별것을 다 생각했다고 다소 시큰둥한 반응이었지만 싫지 않은듯 했다. 곧바로 도안을 작성하여 금은방을 운영하는 지인에게 제작해달라고 주문했다. 지인 역시 처음 있는 일이라서 다소 난감해했다. 더군다나 주물로 주형을 떠서 특수 제작을 해야 한다며 난감한 내색을 했다. 하지만 막무가내로 간청해서 금제로 두 개를 만들게 했다. 완성된 제품을 보니 나 스스로 신기한 기분이 들고 흐뭇한 마음으로 가득했다. 하나는 배지로 만들어 내가 양복 깃에 달고 다른 하나는 반지로 만들어 아내가 착용했다.

배지와 반지가 완성되어 아내에게 반지를 끼워주며 나는 이렇게 말했다. 내가 배지를 달고 당신이 반지를 착용하고 있는 한 우리는 항상 함께 있는 거라고.

잘고 소심하다고 보통 사람이 말할지 모르겠다. 그러나 나는 절대로 그렇게 생각하지 않는다. 부부 사랑이 거창한 데 있는 게 아니다. 소소하고 자잘하면서도 자상한 데 있다. 살면서 부부가 다투는 게 어디 꼭 큰 문제가 있어서이던가. 신경 쓰고 배려하는 진정이 넘치고 살갑게 생각하며 챙기는 잔정이 쌓여야 서로 신뢰하며 살 수 있지 않던가.

나는 이 상징 마크를 제작하길 참으로 잘한 일이라 자부한다. 하찮다고 생각할지 모르지만 보이지 않는 계산할 수 없는 행복지수가 얼마나 높아진지 모른다. 돈으로 계산하고 물질적으로 계량화

할 수 없지만, 부부생활에 사랑과 기쁨을 가져다주는 매개 역할을 톡톡히 해주고 있다.

새삼스럽게 상징이 우리 생활에 주는 영향이 얼마나 크고 중요한가를 실감하게 하는 대목이다.

(2017.12.1.)

반지의 비밀

반지, 다른 말로는 지환指環이라고도 한다. 서양에서 반지를 쓰기 시작한 것은 고대 이집트 때부터였다고 한다. 로마시대에는 주로 약혼의 징표로 쓰였고 중국에서는 전국시대 이후에, 우리나라에서는 삼국시대, 특히 신라에서 성행하였다. 조선시대에는 반지보다 가락지를 더 많이 애용하였다. 반지는 주로 처녀가 끼었고 혼인한 부인은 가락지를 끼었는데 현재는 혼인여부를 떠나 모든 여성들은 물론 남성들도 다양한 종류의 반지를 애용하고 있다. 대표적인 게 역시 결혼반지지만 의미와 용도를 담은 각종 반지들이 있다.

어릴 적 어쩌다 동네 또래 모 친구 집에 놀러 갈 때면 마음이 불편 했었다. 그 친구는 집도 크고 부자였지만, 그보다 내 마음을 더 압박한 것은 학식과 덕망이 있어 보이는 친구 부모의 근엄한 모습과 어딘가 모르게 훌륭한 가통이 이어져 내려오는 집안의 분위기였다. 겉보기와 느낌만으로도 나와 비교할 때 너무나 큰 차이가 있어서 어린 나이지만, 부러움이 내 마음을 기죽고 불편하게 했으리라. 그뿐만 아니라 깔끔하게 정리정돈 된 세간붙이와 환경이 늘 나를 압도하였다. 어느 날 나는 그 친구 부모가 나란히 끼고 있는 반지를 발견하고 속으로 너무 고상하다고 생각했다. 얼마 뒤에 나는 그 친구에게 반지가 참 멋지고 보기 좋았다고 말했더니 두 분이 오래 살자면서 징표로 같이 맞춰 끼셨다고 했다. 그 시절에 반지를 낀다는 것도 드문 일인데 하물며 그런 발상을 하셨다는 게 신기할 일이었다. 그때 알았던 그 사실이 지금까지 감동으로 내 가슴에 남아 있다. 그 반지에는 두 분의 장수염원이 담겨 있었던 것이다. 그런다고 장수하겠는가마는 얼마나 멋지고 아름다운 일인가.

나는 일찍이 가정을 꾸리면서부터 내 나름대로 그럴싸한 가정 만들기에 신경을 꽤 많이 썼다. 가훈도 정하고 우리 집의 노래도 만들고 가족회의도 매월 정기적으로 개최했다. 여러 가지로 격식도 챙기고 내실을 다지는 데에 열정을 쏟았다. 전통과 가통을 창출하여 실천하려고 연구와 고민을 많이 했다.

어느 날 나는 우리 부부의 상징 마크를 고안해야겠다는 결심을 했다. 그 생각을 한지 서너 달쯤에 비로소 나는 그동안 구상한 도안을 완성했다. 아내에게 아내와 나의 이름 두 문자를 섞어 디자인한 도안에 담겨있는 의미를 설명하며 견해를 물었다. 아내는 그런 것을 해야 하느냐는 반응으로 다소 시큰둥하였지만 싫지는 않은 듯 했다. 나는 지체 없이 주문제작 하기 위해 그 도안을 금방에 맡겼다. 반지의 장식 디자인으로 쓸 요량이었다. 먼저 적당한 크기를 정하여 디자인대로 주형鑄型을 뜬 다음, 형틀에 합금을 붓는 방식의 제작과정을 거쳐 정밀 세공 끝에 원하는 마크가 완성되었다. 그리고 그 마크를 장식으로 한 커플 반지를 맞췄다. 반지가 완성되어 찾아 가라는 연락을 받고 금방에 들렀더니 진열대 안에 여느 제품과 함께 진열되어 있었다. 의미를 모르는 다른 사람이 보면 보통 디자인으로 제작한 반지로 여길 수도 있을 정도로 제법 멋져 보였다. 다른 사람에게 없는 특이한 것이기도 하지만 나로서는 의미 있고 소중한 반지였다. 그 반지에는 나와 아내가 녹아 들어있다. 둘이 떨어져 있어도 끼고 있는 반지에는 항상 부부가 함께하고 있다. 하늘이 맺어준 부부의 연을 사람이 가를 수 없다는 하늘의 뜻과 부부는 모름지기 한 몸이어야 한다는 이성지합의 징표를 반지에 새겨 넣은 것이다. 이것이 지금도 귀하고 소중하게 여기는 그 반지가 지닌 의미이자 비밀이다.

그날 밤 아내와 나 둘이는 서로의 손가락에 반지를 끼워주었다. 그 순간 나는 속으로 가늘게 떨고 있었다. 사실상 그 반지가 나의 정을 담은 최초의 예물이었기 때문이다. 가난뱅이인 나는 결혼할 때 나 혼자 내가 알아서 준비하여 혼례를 치렀었다. 도움을 받을만한 처지와 형편이 못 되었다. 그 때문에 마땅히 예우 받았어야 하는 아내는 변변찮은 예물로 눈감고 넘어가야 했다. 그마져도 결혼생활 몇 년도 못 되어 생활비에 보태기 위하여 처분해버린 상태였다. 그래서 다른 사람에게는 하찮은 일일 수 있겠지만 그날 밤 우리에겐 소중하고 의미 있는 착환식着環式(?)이었다.

어디선가 읽은 글이다. 서로 사랑하는 한 쌍의 남녀가 있었다. 어느 날 여자의 친구가 예쁜 백금반지를 보여주며 자랑하자. 여자는 남자에게 똑 같은 반지를 사달라고 졸랐다. 하지만 가난했던 남자는 당장 여자에게 반지를 사줄 수가 없었다. 그리고 얼마 뒤 여자의 생일이 다가왔다. 그날 남자는 여자 에게 기름종이로 만든 반지를 선물했다. 다소 무겁기는 했지만 나름대로 개성 있는 반지였다. 여자는 그 반지를 손에 끼고 매우 기뻐했다. 그러나 훗날 여자는 가난한 그 남자를 버리고 돈이 많은 다른 남자와 결혼했다. 결혼식 날 그녀는 머리끝에서 발끝까지 온통 호화로운 보석으로 치장했다. 그날 이후로 그녀가 줄곧 끼고 있던 종이 반지는 서랍 속 깊숙한 곳에 들어가게 되었다. 하지만 그녀의 행복한 결혼 생활은 그리 오래가지 못했다. 어느 날 그 여자는 우연히 잡지에서 '종이 반지'라는 제목의 글을 보게 되었는데 다름 아닌 바로 그 남자가 쓴 글이었다. 여자는 글을 다 읽고 난 뒤 서랍 속에 넣어 둔 반지를 꺼내 보았다. 그리고 조심스럽게 기름종이를 벗겨보니 그 글의 내용대로 과연 백금 반지가 드러났다. 남자는 여자 몰래 자신의 피를 팔아 모은 돈으로 백금반지를 사서 조심스레 종이로 싸서 종이반지를 선물했던 것이다. 여자는 다시 조심스럽게 반지를 싸서 서랍 속에 넣으며 탄식했다. '그때 그 사람의 소중함을 알았더라면…….'

백금반지를 종이로 싸서 만든 종이반지, 겉은 종이지만 그 속에는 진짜 백금반지가 있었다. 종이를 벗겨야 드러나는 백금반지, 종이 속의 백금을 모르고 겉에 드러난 종이만 본 그 여자의 얄팍한 사랑이 오늘의 단면을 보는 것 같아 씁쓸하다. 속에 진짜 백금은 없더라도 둘 만의 사랑을 담은 서약을 쓴 기름종이로만 만든 반지가 얼마나 값지고 소중하며 의미 있겠는가.

또 다른 반지에 얽힌 사랑의 일화가 있다. 폴란드에서의 일이다. 에릭 왕이 나라를 다스리던 때, 바사 공작이라는 사람이 반역죄를 저질러 종신형을 선고받고 감옥에 수감되어 있었다. 그에겐 카타리나 지겔로라는 아름다운 부인이 있었는데, 그녀는 어느 날 왕을 찾아가 자신도 남편의 형기를 함께 복역할 수 있도록 배려해 달라고 간절히 부탁했다. 왕은 부인을 설득했으나 그녀는 막무가내였다. 그러면서 그녀는 손가락에 끼고 있던 반지를 벗어 왕 앞에 내놓으며 반지에 새겨진 글귀를 보여 주었다. 'Mors sola' , 라틴어인 이 말이 뜻하는 것처럼 "우린 죽을 때까지 한 몸입니다."라고 말했다. 왕은 하는 수없이 그녀의 부탁을 들어줄 수밖에 없었다. 한줄기 빛도 스며들지 않는 지하 감옥으로 그녀를 내려 보내며 왕은 절레절레 고개를 흔들었지만, 남편을 향한 그녀의 아름다운 사랑에는 감복하지 않을 수 없었다. 인터넷 사이트의 새벽편지 가족이 올린 내용이다. 얼마나 아름답고 순정 어린 사연인가!

오늘 날 사치와 부의 상징으로까지 비춰진 반지, 비록 비싸지 않더라도 진정한 참 사랑과 의미가 담긴 반지, 아름다운 갖가지 비밀이 들어 있는 순수한 사랑의 반지가 그립고 아쉽다.

〈2014.8.9.〉

역진필건 力進必建

내가 청소년기에 우리 사회는 보수적이고 전통적인 사고가 팽배해 있었다. 가정적으로나 학교 교육도 철저하게 유교적인 윤리와 도덕이 강조되었다. 바른 예절을 지키고 성실하고 착하게 밤낮없이 노력해서 역경을 이겨내야 후일에 훌륭한 인물이 된다고 가르쳤고 배웠다.

따라서 동서를 망라해서 세계적으로 유명했던 인물들을 탐구하고 그들의 삶을 살피는 데에 많은 관심을 보였다. 그들이 일생을 살아오면서 겪었던 경험이나 삶의 방식 또는 어떠한 사고와 신조로 살았는가를 거울삼아 내 삶에 접목하기 위해서였다. 그래서 자연스럽게 세계적인 위인들의 전기나 자서전 같은 책을 주로 많이 읽게 되었다. 대부분 부모도 소년기부터 자녀에게 위인전 같은 책을 사주면서 읽기를 권면했다. 이와 함께 중요시했던 게 격언이나 속담 또는 유명인사가 남긴 훌륭한 말씀이었다. 그 당시 동서양을 통하여 유명한 속담이나 격언은 노트에 적어놓고 외우며 뜻을 음미하기도 했고, 세계적인 인물들이 남긴 좋은 말씀을 정리하여 어록으로 만들기도 했다. 우리나라의 애국지사들이나 훌륭한 업적을 남긴 임금, 장수, 과학자 할 것 없이 본받을만한 선열들은 모두 다 내 삶의 표상이었다. 그런 까닭에 소년기, 청년기, 장년기를 거치는 동안 장래의 희망이나 꿈, 목표도 여러 번 수정되어야 했다. 감히 말하면 우리 시대를 살아온 대다수 사람이 그렇지 않았을까 생각한다. 그와 같은 영향을 받아 나는 한때는 훌륭한 정치가나 장군이 되려고도 했고, 다른 한편으로는 훌륭한 교육자가 되려고도 했다. 그러나 꿈과 희망은 역시 현실과는 동떨어져서 하나도 이룬 게 없다. 어쩌다 시작한 공직자의 길을 평생 걸으며 위안으로 삼고, 그나마 공직을 통하여 조금이나마 국가와 지역사회를 위하여 일할 수 있었다는 게 얼마나 다행이었는가 생각한다.

원래 나는 그럴만한 가통家統을 이어받아 엄격하고 고풍스러운 교육을 받고 자라지를 못해서 훌륭한 가풍이나 품격하고는 거리가 멀었다. 그냥 형편 되는대로 그때그때 시대 상황과 배경에 맞춰 살면 되는 환경에 처해 있었다. 그래서 적어도 내가 사는 동안이라도 격식도 차리고 전통도 만들고 품위도 갖춘 나 자신과 가정을 꾸리고 싶었다. 소위 형식이라도 그럴싸하게 갖추고 그 틀 속에서 삶을 조정하고 절제해보자고 했다. 이른바 기본적인 자신과 가정의 토대를 만들고 그 위에 서서 한 걸음씩 착실하게 다지며 살자고 다짐한 것이다.

그 무렵 나는 여러 가지 구상을 하던 중 서른 살쯤에 자신을 추스르고 삶의 지평을 세우려는 생각에 나의 좌우명을 정했다. 이름하여 '역진필건力進必建' 이다. 내가 만든 말이다. 뜻을 말하자면 최선을 다해서 열심히 그리고 끊임없이 노력하면 반드시 이루어진다. 라는 뜻이다. 그 전부터 나는 내 삶의 슬로건(slogan)을 '천천히 그러나 끊임없이' 로 삼고 그렇게 살려고 입버릇처럼 속으로 되뇌며 살았다. 무엇이든지 하겠다고 마음먹고 다짐한 일이면 다급하게 생각 말고 꾸준히 노력하면 언젠가는 이루고 해내리라고 믿었다. 매사를 그런 자세로 살아야겠다고 생각하고 내게 주어진 역량을 최대한 활용하겠다고 다짐했다. 인생 진로를 위해서는 절대 포기하지 말고 꿋꿋하게 밀고 나가자는 신조로 살고, 나 자신에게는 추상秋霜처럼 엄격하게 하고 타인에는 춘풍春風처럼 대하며 살자 했다.

좌우명座右銘은 개인이나 단체 등에 특별한 동기 부여를 하기 위해 만드는 일종의 표어이다. 특히 개인에게 좌우명이란 늘 곁에 두고 생활의 지침이나 본으로 삼는 말이나 문구다.

좌우명이라는 말은 문헌에 따르면, 옛 중국 후한後漢의 학자 최원崔瑗이라는 사람에 의해 시작되었다고 한다. 자리座의 오른쪽右에 일생의 지침이 될 좋은 글을 '쇠붙이에 새겨 놓고銘' 생활의 거울로 삼은 데서 유래되었다고 한다.

또 다른 유래는 원래 좌우명은 문장文章이 아니라 술독을 일컬었다고 한다. 제齊나라 때 춘추오패春秋五覇의 하나였던 환공桓公이 죽자 묘당廟堂을 세우고 각종 제기祭器를 진열해 놓았는데 그중 하나가 이상한 술독이었다. 텅 비어있을 때는 기울어져 있다가도 술을 반쯤 담으면 바로 섰다가 가득 채우면 다시 엎어지는 술독이었다. 하루는 공자가 제자들과 함께 그 묘당을 찾았는데 박식했던 공자도 그 술독만은 알아볼 수 없었다. 담당 관리에게 듣고 나서 그는 무릎을 쳤다. "아! 저것이 그 옛날 제 환공이 의자 오른쪽에 두고 가득 차는 것을 경계했던 바로 그 술독이로구나!" 공자는 제자들에게 물을 길어와 그 술독을 채워보도록 했다. 과연 비스듬히 세워져 있던 술독이 물이 차오름에 따라 바로 서더니만 나중에는 다시 기울어지는 것이 아닌가. 공자가 말했다. "공부도 이와 같은 것이다. 다 배웠다고(가득 찼다고) 교만을 부리는 자는 반드시 화를 당하게 되는 법이니라." 집에 돌아온 공자는 똑같은 술독을 만들어 의자 오른쪽에 두고 자신을 가다듬었다고 한다.

어찌 됐든 삶의 지침이 될 좋은 말이나 의미를 담은 물체 모두 자기 자신을 되돌아보고 채찍질하는 역할을 해주는 것이다. 이러한 것을 좌우명이라 일컬을 뿐이다.

세상사 모두가 겉치레와 형식이 지나쳐서는 안 되지만, 필요한 최소한의 요식행위는 대단히 중요하고 큰 보람과 성과를 가져온다. 막연히 무형식 무계획적으로 다가오는 대로 되는 대로 산다면 삶이 무질서하고 방만해질 것이다. 매사를 기준과 목표를 정해서 빗나가지 않게 처리하고 행동해야 의도하는 바를 이룰 수 있다. 이런 의미에서 좌우명이 차지하는 비중이 얼마나 큰 건지 모른다.

나는 평생을 살면서 내가 정한 이 좌우명을 붙들고 살았다. 심신에 긴장이 풀리고 삶이 무력해지거나 다짐이 느슨할 때마다 좌우명을 생각했다. 다시 정신을 가다듬고 고개를 들어 똑바로 앞을 바라보고 곁길 외면하며 정진했다. 반드시 좌우명 때문이라고 단정할 수는 없으나 내 생의 한 가운데에는 항상 좌우명이 잠재해 있었음은 분명하다. 좌우명이 내 인생에 끼친 영향의 평가는 계량할 수 없으나 상당했다고 본다.

사람이 다시 못 올 한평생을 사는데 아무렇게나 살아서야 하겠는가. 나름대로 방향과 기준, 목표를 설정해서 가능하면 후회 없는 인생을 살아야 할 것은 말해 뭣하겠는가.

(2017.12.3.)

알로하 하와이

그렇게 안 해도 된다는데도 기어이 하겠다고 했다. 우리 딸 사위들이 막무가내 한 일이다. 내가 칠순이라서 그냥 넘길 수 없다는 게 이들의 주장이다. 칠순을 계기로 뭔가 행사를 해야 한다는 거다. 우리나라는 전통적으로 그런 사고가 틀에 박혀있는 게 사실이다. 현대에 이르러 생각해보면 그럴 일도 아닌 거다. 옛날 우리는 인생 칠십고래희人生七十古來稀라 해서 칠십까지 산다는 게 드문 일로 이를 축하하는 관행이 있었다. 하지만 지금은 칠십은 고사하고 팔순을 넘어 백세시대라고들 야단이다. 그런 판국에 칠십이라 해도 말도 못 내놓는 게 사실이다. 아무튼, 칠순이 되던 해에는 생일의 때가 어중간해서 명분 삼아 잔치나 행사를 안 하기로 했다. 그 대신 해를 넘겨서라도 온 가족이 함께 해외여행을 하자고 결정했었다. 자기들이 미리 준비한 게 있으니까 따르기만 하라는 거였다. 우리는 의논 끝에 목적지를 하와이로 정하고 자유여행으로 준비하여 실행하자고 했다. 나는 1991년도엔가 하와이를 며칠간 다녀왔지만, 가족 모두가 가보고 싶은 곳이라고 하여 따르기로 했다. 특히 젊은 사람들에겐 하와이가 가보고 싶은 로망으로 부상하고 있어서 모두 그곳을 선호했다. 나는 패키지여행만 다녔기 때문에 자유여행이 뭔지 처음부터 생소하기만 했다. 딸 사위들이 주축이 되어 준비한다기에 믿고 관심도 안 가졌다. 여행 결정이 난후 1년 내내 카톡으로 의견과 정보를 주고 받아가며 준비하는 걸 봤다. 무관심이라 그렇긴 하겠지만 나는 뭐가 뭔지 통 알 수가 없는 가운데 마침내 출발일이 다가왔다. 나는 여행을 떠난다는 실감보다 내심 염려가 많았다. 그럴 것이 35개월 남짓한 손주가 둘이나 여행자에 포함되어 동반해야 하기 때문이었다. 큰딸 아들인 민서와 둘째 딸의 딸인 유주랑 함께 여행을 떠나야 했다. 처음부터 내 칠순을 기념하여 해외여행을 한답시고 어린 손주와 동반하는 것은 취지와는 맞지 않았다. 그러나 이참에 온 가족이 함께 여행할 수 있다는 것 자체가 매우 의미 있는 일이고 이번이 아니면 이런 기회도 여간 없을 성싶어 나는 나 위주의 여행보다 더 좋은 기회라고 여겼다. 그런데 막상 떠나려고 하니까 속으로 염려가 이만저만이 아니었다. 10시간 전후로 비행기를 타야 하는 것이랑 현지에서 체류하는 여행 기간 동안 이동 문제 등이 걱정되었다. 그러나 이미 예상되었던 일이기 때문에 가족 모두 열심히 기도로 무사 안녕을 기원하며 준비했었다.

나름대로 철저한 준비를 마치고 마침내 우린 대장정의 자유여행을 출발하게 되었다. 그런데 출발 하루 전부터 민서가 독감 판정을 받았다. 물론 의사의 조심하라는 당부 소견과 처방을 받아 약을 타서 하는 수 없이 출발하였다. 그러잖아도 어린애들이 동반하여 내심 염려가 많았는데 염려가 현실이 된 거다. 그러나 취소하기도 쉽지 않은 상황이고 큰딸네가 미리 말하려다 모두의 일정에 차질을 줄까 봐 출발 당일에서야 알려서 어쩔 수 없이 실행해야 했다. 가족 모두가 말은 안 해도 염려가 있겠지만 내색하지 않으려는 기색이 역력했다.

서울과 전주에서 사전에 약속한 대로 미리 출발해서 인천 공항에 도착하여 여유 있게 절차를 마치고 비행기에 탑승하여 출국했다. 비행시간 내내 제 엄마·아빠가 민서 때문에 고생이 많았지만, 별 탈 없이 다니엘 케이 이노우에 호놀룰루 공항에 도착했다. 우린 곧바로 쉐라톤 와이키키 호텔에 여장을 풀고 점심 식사를 위해 시내로 나왔다. 호텔은 와이키키 해변에 바로 접해 있어 풍광이 멋지고 아름다웠다. 26년 전에 와봤던 하와이 와이키키 해변, 그때 밤에 본 해변은 정말 멋지고 낭만적이었다. 그런데 지금 와 다시 보니 솔직히 해운대 해수욕장만 못한 것 같다. 야자수가 즐비하게 심겨 있고 태평양 푸른 바다가 탁 트여 바라보는 시원함이 다르다고나 할까. 아니면 내가 나이가 들어 감정이 메마른 탓인지도 모르겠다. 택시 기사의 말에 의하면 해변에 있는 모래는 모두 외부에서 운반하여 깔아놓은 거라는데 믿기지 않는 사실이었다. 그러니 해수욕을 즐기고 나올 때는 모래 한 알이라도 해변에다 털어놓고 나오는 게 하와이 주민의 세금을 덜어주는 거라고 했다. 해변 따라 걸으면서 본 관광객의 행태는 너무나 자유로우면서도 조용하고 질서가 있었다. 고성방가는커녕 추태를 부리는 사람 하나 눈에 띄지 않았다. 바로 선진국의 관광문화이고 본받아야 할 일이었다. 특히 이색적이고 보기 좋은 광경은 연로한 남녀 노인들이 그룹으로 모여 우쿨렐레를 연주하며 번갈아 나와 노래하며 조용한 음악을 즐기는 모습이었다. 내가 보기엔 한동네에 사는 이웃들이거나 동호인인 듯했다. 그룹 원 모두 진지하고 흥겨워했다. 저렇게 늙어야겠다고 생각했다. 모래 위에 누워 해수욕을 즐기는 사람, 끼리끼리 담소를 나누는 사람, 그늘에 누워 잠을 자는 사람 각양각색으로 자유분방하지만, 누구 하나 시비하거나 훼방하는 사람이 없었다. 내가 마음껏 누릴 자유도 있지만, 상대의 자유도 보장되어야 한다는 의식이 뿌리내린 듯했다. 선진 사회 민주 시민이 가져야 할 양식이라 생각했다.

이튿날, 우리는 하와이의 주도인 오아후섬 변방을 따라 일주했다. 시끌벅적한 관광지가 아니었다. 그야말로 조용한 휴양지다. 차량 기사이자 안내자의 설명을 들으며 잡다한 새로운 사실을 귀담아들었다. 점심이라고 희한하게도 버스 안에서 조리해 나오는 새우요리를 받아먹기도 했다. 하와이 여행 내내 힘든 것이 어딜 가나 모든 음식이 어찌나 짜던지 먹기가 좀 그랬다. 민서나 유주도 그런대로 잘 따라 다녔다. 다행스러웠다.

이튿날, 우리는 오전 일정을 호텔 주변 해변이나 수영장에서 보내고 오후에 일몰 디너쇼가 있는 크루즈 해상관광을 했다. 호놀룰루 주변의 태평양 바다 위를 웅장한 크루즈 선을 타고 돌아보는 재미가 쏠쏠했다. 일몰을 보며 저녁 식사도 하고 선상에서 펼쳐지는 음악과 함께 어우러진 멋진 선상 쇼에 흠뻑 취했다. 함께 탄 다국적 관광객이 한 덩어리가 되어 춤추며 어우러졌다. 모두 흥에 겨워 만족스러워했다.

다음날, 우린 마우이 관광에 나섰다. 이른 비행시간에 맞춰야 해서 새벽에 일어나야 했다. 모두 피곤했고 민서와 유주는 잠에 취해서 비몽사몽이었다. 호놀룰루 공항에 도착하여 탑승 절차를 이행하는데 민서의 탑승권이 예약되지 않아 난리가 났다. 돌발 사고였다. 여행사의 실수였다. 기지를 발휘하여 순발력 있게 대처한 끝에 큰딸네는 다음 비행기로 오기로 하고 우린 먼저 예정대로 선 출발하고 도착해서 기다리다가 큰딸네랑 합류하는 소동을 겪어야 했다. 마우이는 바다로 둘러싸인 전형적인 전원휴양지였다. 안내자의 설명을 듣고 알았다. 하와이는 8개의 모섬이 있고 모두 132개의 유무인도가 있다고 했다. 한 그루의 나무가 가지를 뻗어 그 가지에서 뿌리가 내리고 내린 뿌리가 줄기가 되어 다시 길게 가지를 뻗어 뿌리를 내리는 식으로 반복해서 번식하여 차지한 면적이 천 평 정도나 될듯하다는 곳도 가봤다. 또 고공 높은 곳이라 운무가 아름답고 웅장한 분화구가 있는 곳도 둘러보고 밤이 되어서야 마우이를 떠나 호텔로 돌아왔다.

다음날은 특별한 일정 없이 손주인 태희, 나리, 지수, 민서, 유주 등 어린이를 위하여 물놀이로 오전 일정을 마치고 오후에는 일부 일행만 와이켈레 아울렛 매장 쇼핑에 나섰다. 쇼핑도 관광에 중요한 포인트가 된다. 특히 여자인 아내와 딸들에게는 빼놓을 수 없는 필수 코스다.

감동(?)스런 쇼핑으로 해가는 줄도 모르다가 저물어서야 호텔로 돌아왔다. 우린 한 방에 모여 여행 결산 토크 타임을 가졌다. 비교적 만족스럽고 다행스런 여행이었다는 공감 분위기였다. 그 자리에서 나는 다음 가족여행 때는 내가 모든 경비를 대겠다는 폭탄(?) 선언을 하기도 했다. 가화만사성이고 가족 간의 끈끈한 결속이 뭣보다도 중요하다는 걸 확인하는 시간이었다. 귀국 준비를 마치고 쉐라톤 와이키키 호텔에서의 마지막 밤을 보냈다.

하와이 인사말 알로하 하와이를 외치며 호놀룰루 공항을 떠나 10시간 넘게 비행기를 타고 인천공항에 무사히 도착했다. 조바심 속에 출발하여 아무 탈 없이 귀국할 수 있어서 다행이었다. 하나님께 감사했다. 13명의 대가족이 멀리 하와이까지 함께 다녀온다는 것은 결코 쉬운 일이 아니다. 이번 여행에서 제일 씩씩하고 발랄한 사람은 제일 어린 유주였다. 시종 명랑하고 활발하게 전 여정을 섭렵(?)하며 휘젓고 다녔다. 염려가 우려가 되었다.

가족 모두가 가보고 싶은 하와이, 크루즈 선상 훌라춤에 흥겹던 기쁨도 와이키키 해변 야자수 그늘에서 감상하던 우쿨렐레 연주 모습도 눈에 선하다. 밤에 아내랑 호텔 해변 베드 체어에 앉아 하얗게 부서지는 파도며 누군가 하와이안 기타를 연주하던 모습도 아른거린다. 패티 김 씨의 노래 하와이안 연정의 가사를 떠올리며 굳은 몸이지만 유연하게 비비 꼬며 훌라춤을 추어보고 싶어진다.

알로하 하와이!

〈2018.1.30.〉

내가 한턱 쏠게

나에겐 손주가 다섯이 있다. 굳이 말하자면 모두 외손주다. 그럴 것이 나는 딸만 셋을 두었기 때문이다. 우리 때만 해도 조금은 남아 선호사상이 강한 편이었지만 어쨌든 딸만 셋이다. 그러나 지금까지 아들 없이 딸만 두어서 솔직히 서운한 적은 한 번도 없다. 오히려 몇십 년을 살아오면서 딸이 더 살갑고 붙임성 있어 좋다는 것을 느끼며 산다. 딸 둔 사람은 노후에 비행기 타고 여행한다는 말이 실감나기도 하다. 공교롭게도 막내딸이 맨 먼저 출산을 하게 되어 그 딸이 낳아준 손녀가 제일 큰 손녀인데 이름이 태희다. 그 태희가 나를 처음으로 할아버지로 만든 손녀다. 태희가 태어났을 때 나는 설레고 신기하고 마음이 묘한 느낌이었다. 처음으로 손주를 보게 되는 터라 그러기도 했지만, 아무튼 이유 없이 기분이 붕 뜨는 듯이 좋았다. 나뿐만 아니라 아내와 태희 이모인 두 딸도 기쁨은 같았다. 오히려 나보다 더 극성이었다. 그야말로 우리 집안의 경사이고 자랑이며 푸접이었다. 갓난아이가 순하긴 또 어찌나 순한지 여간해서 우는 꼴을 볼 수가 없었다. 거짓말처럼 아이가 순했다. 몇 달이 지나도록 애 울음소리 듣기가 어려울 정도였다. 예쁜 아이가 예쁜 짓만 더했다. 울기는커녕 방긋방긋 웃기를 잘도 했다. 그러니 가족 모두가 애를 예뻐하지 않을 수가 없지 않은가. 그렇지 않아도 집안에 홍일점으로 처음 태어난 아이라 모두가 시선과 관심이 태희한테만 쏠리는데 잘 울지도 않고 웃기만 하니 사랑을 독차지할 수밖에 없었다. 어느 정도 자라서 저 혼자서 돌아눕고 앉을 때쯤 되어서는 잠을 자고 나서도 깨어나 가만히 앉아만 있지 우는 일이 없었다. 문을 열고 조용히 방에 들어가 보면 앉은 채로 바라보며 빙그레 웃기만 했다. 그러니 얼마나 용하고 대견한 아인가. 오죽하면 가족 모두가 무슨 아기가 그런 아기가 다 있느냐고 입을 모았다.

태희네와 우리는 1km 남짓 되는 거리를 두고 살았다. 그동안 태희가 자라서 유아원에 갈 때가 되었다. 제 엄마와 아빠가 맞벌이 부부라서 직장에 나가야 하는 관계로 매일 아침 일찍 우리 부부가 사는 집에 태희를 데려왔다. 그때는 나도 직장에 다니고 있었는데 아침마다 식사를 같이하며 지냈다. 밥 먹이고 집 근처의 유아원 차에 태희를 태워 보내곤 했는데, 떨어지지 않으려고 싫은 표정을 할 때마다 어찌나 속이 짠했는지 모른다. 그래도 그 어린 애가 울지는 않았다. 그러니 더욱 마음이 아팠다. 오후에 제 엄마가 데리러 가지 못할 때나, 일찍 태희를 데려와야 할 경우에 내가 어린이집으로 가는 때가 많았다. 유아원에 도착해서 선생님께 태희 할아버지라고 말하고 태희를 기다리고 있노라면 먼발치서 나를 발견하고 쏜살같이 나를 향하여 몸을 던지듯이 질주를 하곤 했다. 그러면 나는 너무 예쁘고 반갑고 기뻐서 얼른 태희를 받아 안곤 했다. 지금도 그 무렵 그 광경이 되살아나 뿌듯하고 감격스럽다. 나는 그때 그 순간이 너무도 행복했다. 어찌나 좋은지 꼭 안고 볼을 비벼대며 볼기를 다독여 주었다.

유아원에서 벌이는 재롱잔치에 아내와 나는 빠짐없이 참관했다. 우리 태희가 제일 잘하는 것 같았다. 아니 제일 잘했다. 그렇게 귀엽고 사랑스러울 수가 없었다. 율동도 잘했고 노래도 잘했다. 얼굴도 예뻤고 하는 짓도 얌전했다. 못하고 나쁘고 안 좋은 점이 하나도 없었다. 나만 그런 게 아니라 우리 가족 모두가 공감했다. 남들은 나보고 태희에게 푹 빠져서 눈이 가려졌다고 할지 모르나 적어도 나는 그랬다. 아직 철모르는 나이 때 다 그렇지만 어쩌다 남들이 모인 장소에서 서투른 말로 "대난 사람 대난으로 ~." 하면서 애국가 끝부분을 부를라치면 모인 사람들을 완전히 매료시켰다. 한 번은 제 큰이모랑 우리 내외가 서울 둘째 딸네 집에 다녀오는 차 안에서 발음도 곡조도 제 마음대로 부르는 다양한 레퍼토리 때문에 얼마나 웃고 재미있었는지 지금도 기억이 생생히 새롭다.

또 하나 잊히지 않는 기억이 있다. 제 엄마가 붙어 있어야 할 어린 나이일 적 어느 날 밤에 제 엄마가 볼일이 있어 조금 늦게 귀가해야 했다. 그때 우리 부부가 태희를 데리고 있었는데 마침내 제 엄마가 돌아왔다. 우리는 미처 인기척을 못 느꼈었는데, 태희는 어느새 인기척을 느끼고 현관문 쪽을 재빨리 바라보더니만 제 엄마가 나타나자 엄마! 하면서 그만 울어버렸다. 그러니까 서너 시간 동안 어린 것이 말도 못하고 속으로 얼마나 엄마를 기다렸으면 그랬을까 하는 짠한 생각에 모두 울고 말았다. 3년 전, 내 생일 때였다. 둘째 딸네 집에서 우리 가족이 다 모인 자리에서 생일 선물로 태희가 내게 편지를 썼는데, 아홉 살이나 되었는데 선물도 준비하지 못하고 편지만 쓰는 게 너무 부끄럽다는 내용이었다. 그 편지를 읽으면서 기특한 마음에 또 한 번 눈물을 훔쳐야 했다.

태희가 몸이 아플 때면 내가 많이 병원에 데리고 갔다. 병원 가는 차 안에서 천연스럽게 앉아서 따라 주는 모습은 나에게 측은지심까지 느끼게 했다. 어떤 때는 나랑 둘이서 차를 타고 시내를 다니기도 했다. 태희가 먹고 싶다고 하는 것을 사주고 먹는 입 모양을 보며 행복에 젖기도 했다, 마냥 그렇게 태희가 예쁘고 좋았다.

그런 태희가 어느덧 초등학교에 입학 한지가 벌써 4년이 지나고 있다. 이제 내년이면 5학년이란다. 세월이 정말 빠르다. 나는 지금도 태희가 어린 아기 같다. 아니 계속 아기 같았으면(?) 좋겠다. 내가 미친 생각이고 망발이지만 말이다. 태희가 자라고 세월이 흐를수록 태희가 내게서 멀어져만 가는 느낌이다. 그게 맞는 거고 정한 이치인 것을 속절없이 내가 객기를 부린다.

자주 오가는 터지만, 며칠 전 태희가 제 엄마랑 우리 집에 왔다. 이런저런 얘기 끝에 태희가 최근에 산림조합중앙회, K-Water, 전북일보사 및 혼불 기념사업회, 전북지방 우정청 등에서 주관한 글짓기(글쓰기) 공모전에서 입선하여 상장(패)과 상금을 받았다고 했다. 나는 그 말을 듣는 순간 어찌나 좋던지 "왜 그런 걸 할아버지께

안 알렸어?" 하며 그 내용을 소상히 물었었다. 그리고 상의 권위를 설명하며 칭찬을 거품 나게 했다. 그로부터 며칠이 지났을까. 태희한테 전화가 왔다. "할아버지, 오늘 시간 되면 나랑 할머니 엄마랑 같이 저녁 식사나 할까? 내가 한턱 쏠게." 나는 속으로 "아이고 이게 웬일이냐?" 하면서 그래 그렇게 하자. 그랬더니 "오늘은 내가 쏠 거야." "네가 산다고?" "그래 지난번 상금 받은 돈으로 살 거야." "그래!~ 그럼 그렇게 해라. 어디 우리 태희가 사주는 밥 한번 얻어먹어 볼까?" 하고 전화를 끊었다. 나는 태희의 고운 마음을 모르는 척 받아주기로 속으로 마음먹었다. 이윽고 제 엄마랑 우리가 같이 즐기는 음식을 먹기 위해 가끔 들르는 음식점에서 맛있게 식사를 했다. 난생처음으로 손녀가 사주는 밥을 먹었다. 그것도 열한 살 초등학교 4학년생, 아직은 철부지인 손녀가 사주는 밥을 먹었다. 신문날 일이다. 태희가 대견했다. 어떻게 그런 생각을 했을까? 전혀 예상하지 못한 참이었다. 마음이 야릇했지만, 기분은 좋았다. 역시 나를 실망하게 하지 않는 착한 마음을 갖고 있구나 하는 생각에 마음이 뿌듯했다. 요즘에는 나에게 휴대전화 사용법도 알려주며 벌써 나를 앞질러 시대 흐름에 적응해 살고 있다. 마음이 꽂히면 곰보도 보조개로 보인다더니 나에게 태희는 모든 게 다 예쁘게만 보인다. 나는 한동안 태희가 사준 밥맛에 취해 몽롱한 기운에 젖어 지낼 것 같다. 태희야! 밥 기운이 떨어질 때쯤이면 또 한 번 쏘아줘. 돈은 내가 낼게.

(2018.1.6.)

이름값 하려나

우리 부부가 둔 세 딸 중 둘째가 소진이다. 소진이 하면 맨 먼저 생각나는 게 아기 때이다. 우리가 아주 젊은 시절 셋방살이했을 때이다. 젖먹이였던 소진이는 한 번 화가 나 울기 시작하면 끝이 없었다. 업어주고 별별답게 달래 봐도 소용없었다. 한 번은 어찌나 그치지 않고 오랫동안 우는지 어디가 아픈지 알고 마침내 병원을 갔었다. 의사가 문진과 진찰을 하더니만 특별히 집히는 불편함이 없다 하여 그냥 집으로 돌아온 해프닝도 있었다. 어릴 때 제 언니와 함께 병원놀이를 곧잘하더니만 병원이 직장이 되어 벌써 20년 가까이 근무하고 있다. 초등학교 시절 주산학원엘 다녔는데, 주산 실력과 암산 능력이 뛰어났다. 정말 빠르고 순발력이 좋았다. 고집이 세서 마음먹은 건 억척스럽게 파고들어 해결하는 성정이다. 평소 하는 걸 보면 머리 돌아가는 게 장난 아니다. 아내가 소진이 학교 때부터 하는 말이 있다. 조금만 노력하면 너는 못 할 게 없을 거라고. 그도 그럴 것이 머리만 믿는 건지 노력은 별로 하지 않고 게으름을 잘 피운다. 수학적인 두뇌 말고도 음악 부문은 신통할 정도로 소질이 있고 능력 또한 넘쳐난다. 악기도 피아노, 바이올린, 첼로, 기타 등 되는 대로 섭렵한다. 늘 바쁜 생활이라 연습할 짬도 없는데 어떻게 그렇게 잘하는지 정말 타고났는가 보다. 지금도 어쩌다 피아노 연주하는 걸 보면 놀랍다. 가만 살펴보면 청음 능력 또한 뛰어나다. 음악을 들으며 음악을 읽고 쓴다. 참으로 대단하다. 가끔 우리 부부를 향해 자기의 그런 재능을 발견해서 그길로 인도하지 않았다고 예쁜 투정(?)을 할 때가 있다.

소진이는 광주에서 대학을 다녔다. 그래서 주말이면 으레 전주의 우리 집으로 왔다. 하루라도 더 우리와 함께 있으려고 언제나 월요일이나 일요일 밤이 되어서 광주로 갔다. 그때마다 내가 터미널까지 데려다주곤 했는데, 터미널에 내려주고 돌아설 때면 마음이 짠해 눈물을 훔치곤 했다. 제 팔자가 그런지 부모와 떨어져 객지 생활을 그때부터 했다. 나는 그게 항상 마음에 걸렸었다. 착하게 정도만 걷고 사는 딸이다. 나는 참 행복하다. 세 딸 모두 바르고 착하게 자라줬고 열심히 세상사는 걸 보면서 '이만하면 됐다.' 라는 생각을 가끔 한다. 하나님께 늘 감사하며 산다.

세 딸 중 소진이가 맨 나중에 결혼했다. 나이 서른이 넘어서 했다. 속으론 어땠는지 모르지만, 결혼에 대한 집착이 덜했던 것 같다. 그러더니 결국 늦었다. 초등학교 동기동창을 만나 결혼했다. 결혼한 지 1년여 만에 임신하여 아기를 낳았다. 딸이었다. 우리 부부는 서울 소진 집에 머무르며 출산을 조력했다. 아기 이름을 지어 달라 했다. 며칠 동안 끙끙대며 지은 이름이 '나리' 다. 순우리말인 것 같으나 지혜롭고 영리하다는 의미의 한자漢字 이름이다. 이름을 짓고 곧바로 소진이와 나는 동사무소에 출생신고를 하러 갔었는데 깜짝 놀란 게 있었다. 담당 직원이 성姓을 어떻게 할 거냐는 질문을 받은 거다. 순간 머리가 멍했었다. 그때까지 당연히 부계 성을 따르는 관행이 뿌리내려진 우리는 어리둥절했었다. 법이 바뀌어 성을 마음대로 할 수 있다는 말을 듣고 뒤통수 맞은 듯했다.

소진이가 출산휴가를 낸 터라 한 달 정도 전주의 우리 집으로 와서 해산 몸조리를 했었다. 자연히 나리도 우리와 함께 지냈다. 그런데 아기가 어찌나 까다롭던지 제 엄마나 우리를 아주 힘들게 했다. 나리는 다른 사람은 붙여주지도 않고 제 엄마에게만 매달렸다. 더군다나 자정이 가깝도록 잠도 안 자며 치근댔다. 우리 부부에게만 오면 여지없이 운다. 그러니 제 엄마가 얼마나 힘들었겠는가. 임신 중에도 소진이가 열 달 내내 여간 힘들지 않았다.

그런 나리가 자라서 어린이집에 다니기 시작했다. 까다로운 건 조금 나아진 듯했으나 여리며 부끄러움이 많고 예민했다. 그런데 하는 걸 보면 심상치 않았다. 엉뚱한 데가 있고 집착하는 모습이 보였다. 뭘 자꾸 만들고 고안하는 것이 예사롭지 않았다. 초등학교에 들어가기도 전에 놀이 공부 책과 휴대전화로 스스로 한글을 다 익혔다. 제 나이 다섯 살 때일 거다. 내 생일 선물로 자신이 고안해서 만든 A4용지 크기의 카드는 믿기 어려운 솜씨였다. 그런 나리가 벌써 자라 초등학교에 입학해서 1학년이다. 집 근처에 있는 피아노 학원에 다니기는 하지만, 연주를 넘어 스스로 연구하여 작곡한다는 거다. 놀라운 일이다. 누가 시켜서 그러겠는가. 음악성이나 집착하는 걸 보면 영락없이 소진이 닮은 게 분명하다. 제 엄마 아빠는 직장에 얽매어 학습에 크게 도움 줄 시간이 없다. 나리와 아내가 약속한 게 있다. 나리가 한 일을 일기로 써서 문자로 아내에게 보내주면 그걸 보고 나중에 나리에게 후사하겠다는 거다. 나리는 아내의 인센티브 약속에 신이 나서 자랑할 만한 일이라면 모두 다 알린다. 학교에서 영어 테스트가 있었는가 본데 계속 100점만 맞는다고 자랑도 하고, 피아노 콩쿠르에서 연주 중에 연습인 줄 알고 도중에 무대를 내려왔는데도 우수상을 받았다고 트로피를 사진 찍어 보내기도 했다.

얼마 전에 큰딸 소연이가 소진네 집에 다녀왔는데, 나리가 주더라면서 예쁜 카드 하나를 건네주었다. 받아보니 크리스마스 카드였다. 빨간색 바탕 종이에 4면을 안팎으로 쓰고 붙이고 그려서 만들고, 안에는 속지까지 별도로 붙여 또 그림을 그리고 글을 쓴 카드였다. 제 나름대로 머릿속으로 많은 구상을 미리 하고 세심하게 신경을 쓴 흔적이 역력하다. 한 번 보고 아무 데나 둘 수 없게 만들었다. 나도 소싯적 카드를 만든 경험이 있지만, 솔직히 나리만큼의 정성을 들여 만들지는 않았던 것 같다. 살펴보니 족히 두 시간은 걸렸을 듯싶다. 신경 쓰고 들인 정성이 대단했다. 속지에는 '항상 저를 사랑해주는 할머니 할아버지 크리스마스 잘~ 보내고 내년 1월 15일 날 하와이 가서 재미있게 놀자(2018년 1월 15일~21일까지 가족 모두 하와이 여행 계획이 있음). 그리고 사랑해!!! 아 참!!! 앞으로 일도 잘~해!!!' 라는 편지글도 썼다. 속으로 우리를 향한 마음이 대단했던 것 같다. 얼마나 예쁘고 대견한지 모르겠다. 학교 전교생이 오카리나라는 악기를 선정해서 의무적으로 연주한다고 하는데, 그 역시 잘도 분다. 조용한 목소리로 수줍음을 잘 타는 나리는 얼굴 생김새부터가 영특함이 엿보인다. 나리라는 이름이 한자의 의미로는 아름답고 영리하다인데, 내가 아주 나리의 성정과 사주팔자를 잘 맞추어 지은 이름인가보다. 자라면서 보면 이름값 제대로 하는 거 같다. 어른들 말씀이 나이가 들면 제 자식 키울 때는 어쩐지 모르고 지나갔지만, 손주는 그렇게 예쁠 수가 없다고 하더니만 맞는 말 인가보다. 벌써 손주가 다섯인데 모두 예쁘고 귀여운 게 하는 짓도 마찬가지다.

태아 때 제 엄마 그렇게 힘들게 하고, 유아 때 까다롭게 굴던 나리가 지금은 언제 그랬냐는 듯 자라서 가족을 깜짝 놀라게 재능을 발휘하고 있다. 유별났던 아이가 유별나게 진가를 드러내고 있다.

〈2018.1.14.〉

다들 너무해

우리 부부는 양반(?) 되려고 아들 딸 섞어 낳지 않고 딸만 셋을 두었다. 그중 첫째가 소연인데, 딸 자랑이나 해야겠다. 예쁘기로 말하면 어느 절색 가인이 소연에게 비할 수 없다. 아내 자랑하는 사람을 팔불출이라 했는데, 딸 자랑하는 사람은 팔등신인가 모르겠다. 고슴도치도 제 새끼는 예뻐한다 했는데, 나도 어쩔 수 없는가 보다. 소연이가 고등학교 때인가 대학 때인가는 분명치 않는데, 평생을 되도록 엄마 아빠와 가까운 곳에서 살겠다고 말했었다. 우리나라의 전통적 사상인 맏이가 지녀야 할 책임감 같은 게 제 뇌리에 작용했던가 보다. 그래서 그런 건지 지금까지 우리와 가까운 거리에서 살고 있다. 결혼도 비교적 적령기에 했다. 요즈음 대세가 그런 것처럼 어미 아비는 간섭도 못 했지만, 배우자로 마음 착하고 건실한 사람을 만났다. 우리 부부로서는 소연이가 개혼이라서 나름대로 격식도 차리고 품격 있는 혼례를 위해 신경을 썼었다. 소연이는 결혼과 동시에 아파트에다 신접살림을 차리고 잘 지냈었다. 그런 딸이 결혼한 지 몇 년이 지났는데도 도대체 태기가 전혀 없었다. 우리 부부는 민감한 일이라서 함부로 말도 못 하고 냉가슴 앓듯 속으로만 애를 태우며 조심스레 지켜볼 수밖에 없었다. 그러던 어느 날, 소연이가 제 엄마에게 어렵게 말을 건네더란다. "엄마! 별을 따려면 하늘을 보아야 별을 따지?" 하면서 그동안 제 나름대로 고민을 그래도 허물없는 어미에게 털어놓더란다. 이 말을 들은 아내는 기다렸다는 듯 눈치를 채고 그간의 속사정을 다그쳐 불임의 원인을 파악하게 되었다고 한다. 그러나 어떻게든 도와야겠다고 하는 아내의 제안을 뿌리치고 자기들이 해결하겠다고 했단다. 그리고 또 몇 년이 지났을까 잊힐 뻔했는데 반갑게도 임신했다는 소식을 전해왔다. 정말 희소식 중의 희소식이었다. 아내와 나는 말할 것도 없고 둘째, 셋째 딸네 할 것 없이 집안 경사라 여기며 온통 기쁨으로 충천했었다. 지성이면 감천이라는 말이 실감이 났다. 매사를 안 되고 못 한다고 좌절하고 포기할 일이 아니다. 오래 참고 노력하며 기다려 볼 일이다. 우리는 임산부는 물론이고 태아를 위하여 무척이나 신경 쓰며 조바심으로 하루하루를 보냈다. 그렇게 열 달이 지나고 마침내 기다리고 기다리던 귀한 옥동자가 탄생했다. 무려 결혼한 지 12년 만의 일이다. 나는 눈물이 핑 돌았다. 그동안 누가 물으면 대답을 못 하고 얼버무렸던 일, 죄인처럼 움츠리고 적당히 변명했던 일이 한꺼번에 눈앞을 스쳐 지나갔다. 애태우고 기도하며 바라던 숙원이 해결되는 순간이었다. 우리의 소원을 들어주신 하나님께 감사드렸다. 부모로서 마치 못다 한 일을 한 것처럼 홀가분했다. 작은딸, 막내딸에게도 숨을 돌릴 수 있게 되었다. 두 딸도 언니 앞에서는 그동안 마음대로 제 자식을 예뻐하지도 못했다. 가족 모두 여간 조심스러운 분위기가 아니었다. 우리 집안의 찝찝하고 답답했던 분위기를 단번에 날려버린 쾌거였다. 둘째, 셋째네 모두 딸들만 낳았는데 소연네는 아들을 낳았다. 청일점이 된 거다. 아기도 얼마나 건강하고 잘생겼는지 쳐다보면 눈을 뗄 수가 없다. 백일잔치 때 축하해주려고 찾아온 사람은 이구동성으로 칭찬이 자자했다. 지금이라도 누구든지 와서 보면 내가 거짓말을 하는지 참말을 하는지 알게 된다. 안 보면 내가 거짓말을 한다고 할 거다.

소연이 부부는 나한테 아기 이름을 지어 달라고 했다. 기꺼이 그러겠노라고 했다. 그동안 나는 내 동생 이름부터 딸 이름 등 몇 사람 이름을 지었던 경험이 있다. 여러 날을 연구하고 검토하며 좋은 이름을 짓기 위하여 애를 썼다. 나름대로 고심한 끝에 내가 권장하여 딸네가 마음에 든 '민서'라는 이름이 결정되었다. 그런 민서가 어느덧 세 살이 되었다. 인물이 훤칠하고 아주 미남이다. 그뿐만 아니라 하는 짓도 예사롭지 않다. 절대로 가볍고 촐랑대지 않는다. 아기가 답지 않게 듬직하며 점잖기까지 하다. 웬 어린 아기가 저럴까라고 생각되기도 한다. 배우는 말을 하면서도 뭔가를 생각하고 말하려 하며, 서두르지 않고 천천히 차분함을 유지한다. 참으로 아기답지 않고 엉뚱한 데가 있다. 우리 집과 제 집이 500m 남짓 되는 거리에 있어 거의 매일이나 다름없게 만나며 지낸다.

우리 부부는 새로운 푸접이 생겼고 민서로 인해 즐거움이 생겼다. 만나면 반가워 응석부리는 재롱이 우리를 얼마나 기쁘게 하는지 모른다. 그만 때 다 있는 일이겠지만, 민서가 말 배우고 노래 배우는 과정에서 벌어지는 해프닝은 정말 우리를 녹여준다.

아내가 민서에게 노래를 가르친다. "나무야! 나무야! 서서 자는 나무야! ~ 누워서 자거라~" 라고 선창을 하면 민서가 "나무야! 나무야! ~ 누워서 자~라~" 하면서 고개를 오른쪽으로 재껴 턱을 들고 하늘을 향해 길게 늘어 빼는 모습이 간드러진다. 제 딴엔 멋을 부리고 애교를 떠는 것이다.

제 마음에 들지 않거나 해달라는 걸 들어주지 않을 때면 아주 두고 쓰는 말이 있다. 이른바 "다들 너무해." 다. 처음 이 말을 들을 때 가족 모두가 깜짝 놀랐다. 아니 아이가 어떻게 저런 말을 해. 무슨 뜻이지 알고 저런 말을 하지. 하며 의아해했다. 아직 세 살도 채 안 된 어린아이가 전혀 걸맞지 않은 말을 하는 게 이상할 정도였다. 알고 보니 TV의 뽀로로 프로그램에 나오는 대사를 보고 배운 거라고 했다. 말 배우면서 엉뚱한 말을 하여 우리를 놀라게 하는 일이 비일비재하다. 민서는 경박함이 없이 아이답지 않게 중후(?)한 품행이다. 아이에겐 어울리지 않는 표현이지만 마땅한 말을 못 찾겠다. 여간해서 우는 일이 없다. 솔직히 제 엄마 성질 닮았으면 볼만 했을 텐데 참으로 다행이다. 오히려 제 엄마가 복받았나보다. 어쩌다 기분이 좋고 제 마음에 들라치면 모둠발을 하고서 껑충껑충 이리저리 뛰는 걸 보면 귀엽기 그지없다. 뽀 해달라면 양볼 이마 할 것 없이 비벼대며 입맞춤으로 얼굴에 온통 풀칠을 다한다. 민서는 나와 아내를 하버지 하머니라 부른다. 우리를 보고 싶다고 해서 제 엄마가 우리 집에 데리고 오면, 우리를 보는 순간 딴전을 피운다. 일부러 딴짓을 하며 그냥 뛰어다닌다. 이제 만났으니 좋고 됐다는 심사고 몸짓인 거다. 그만 때 제 엄마를 잘 안 떨어지지 않는 게 아이의 속성이건만 민서는 예외다. 제 엄마가 어디 다녀온다고 하면 그러라고 하며 안녕! 빠이빠이! 한다. 참 신통하기까지 하다. 양손에 먹을 것을 쥐여 주고 나누어 먹자고 하면 안 준다. 주더라도 작고 적은 것을 준다. 먹을 것 욕심은 대단하다.

맨 먼저 태어나야 할 민서가 어디 갔다 뒤늦게 태어났는지 생각할수록 기가 막히다. 보기도 아까운 우리 민서가 잘생기고 멋지기까지 하니 자랑스럽기 그지없다. 엊그제는 내린 눈 위에서 어찌나 좋아 날뛰는지 세상을 저 혼자 독차지나 한 것처럼 아주 신바람이 났었다. 어쩌다 휴대전화로 영상통화를 할 때면 온갖 장기자랑을 다하느라 부산을 떤다. 큰딸네도 민서를 보며 새로운 삶을 산다. 예전엔 몰랐던 재미, 느낄 수 없었던 감격과 감동, 세상사는 맛을 보며 산다. 누구보다도 말 못하고 고통스러웠던 불임의 세월이 암흑 같았을 것이지만, 이제는 날마다 민서를 보며 행복해 한다. 뭐니 뭐니 해도 이런 게 사람 사는 재미 아니겠는가?

민서가 TV를 시청할 때면 그렇게 집중할 수가 없다. 옆에서 누가 부르고 말을 걸어도 모른다. 아주 몰입한다. 제 엄마가 제 집에 갈 때가 되어 민서에게 집에 가자고 한다. 물론 못 듣는다. 순리대로 해서는 TV에서 민서의 눈을 떼기가 어렵다. 반 강제로 TV를 끄게 된다. 그러면 민서는 아쉬워 못 마땅한 표정을 하며 한마디 한다. 통명스럽게 "다들 너무해."라고. 〈2018.1.13.〉